ÉTAT

DE L'EUROPE

A LA FIN DE 1860.

Coulomm ers — Imprimerie de A. MOUSSIN.

ÉTAT
DE L'EUROPE
A LA FIN DE 1860

L'Europe est toujours en arrière d'une année,
d'une armée et d'une idée.

PARIS

AMYOT, ÉDITEUR, 8, RUE DE LA PAIX

—

MDCCCLXI.

La révolution a fixé une échéance fatale à l'Europe, le 1er mars ; elle l'a provoquée sur tous les champs de bataille : non-seulement en Italie, dans la Vénétie, mais en Hongrie, en Pologne, dans la Croatie, l'Herzégovine, la Moldavie, la Valachie ; elle ne déguise pas ses desseins ; les légions se recrutent, ses armées se forment ; elle a ses congrès publics, ses entrevues solennelles dans l'île de Caprera.

Il faut même reconnaître la courageuse hardiesse de ses œuvres, l'étendue de ses desseins ; elle jette le gant aux cabinets avec une énergie qu'il serait difficile denier et qu'on doit même admirer à un certain point de vue.

L'Europe acceptera-t-elle ce défi ? la royauté traditionnelle, l'aristocratie, cette noble et grande famille du moyen-âge comprendront-elles leurs périls ? Telle est la question qui se présente, dont la solution est nécessaire, et qu'on ne peut retarder.

On vous dit : « Une transaction est encore possible? Que l'Autriche cède, vende même la Vénétie et tout sera fini : je réponds hardiment que non; la lutte est placée sur un terrain plus vaste, la question est autrement imposante et importante : ne sentez-vous pas à un certain frémissement qu'il s'agit d'un plus grand intérêt et d'une crise suprême!

Quel est d'ailleurs ce droit public nouveau, qui propose comme transaction la vente des provinces et des peuples?

Pourquoi, après avoir vendu la Vénétie, l'Autriche ne vendrait-elle pas la Hongrie et la Croatie?

Pourquoi la Russie ne vendrait-elle pas la Pologne pour faire monter ses actions de chemin de fer, et donner une plus grande valeur à ses roubles?

A quoi bon la question de dignité, d'honneur, de tradition, quand il s'agit du crédit? Vendez même le tombeau de vos pères, votre blason, votre vieille armure, pour faire trois francs de hausse et améliorer les reports.

Eh bien, en supposant cette lâcheté accomplie, la question ne serait pas finie; elle serait à peine une halte dans le vaste mouvement qui se prépare. La révolution veut remanier la carte de l'Europe; elle n'accepterait même pas comme solution, le principe du rachat de la Vénétie, ce retour au moyen-âge où les seigneurs vendaient la liberté aux communes. Si la Vénétie a des droits à l'indépendance, pourquoi les lui faire acheter ?

L'Autriche, de son côté, peut perdre la Vénétie par le sort des armes, comme elle a perdu la Lombardie : la mauvaise fortune n'a jamais déshonoré un cabinet ni un peuple ; mais le jour qu'elle accepterait cette politique de vente et d'achat, elle serait flétrie aux yeux de l'histoire, et la question ne serait pas plus avancée.

L'année qui va finir est marquée de deux caractères importants au point de vue diplomatique.

Elle a été une époque *d'agitation* et de *préparation*.

L'agitation a été partout profonde ; les pages des Congrès ont été déchirées, les droits héréditaires et traditionnels brisés ; la défection a reçu des éloges et quelquefois a été érigée en principe : la géographie des traités a été singulièrement modifiée.

L'élément révolutionnaire a été le principe de cette agitation ; il a beau se déguiser sous les formes diverses, il se révèle partout : il est impossible ni de le dédaigner, ni de le mépriser ; il a sa vie dans l'éducation, dans la civilisation nouvelle, dans le matérialisme de la science, dans la loi civile égalitaire : il court sur les chemins de fer, il frappe comme la foudre de l'électricité.

C'est une rude épreuve pour les pouvoirs traditionnels, que la lutte qui s'engage violente et décisive.

Et c'est pourquoi l'autre caractère de l'année qui finit c'est la *préparation*.

De part et d'autre on forge des armes ; l'esprit de la révolution se revèle avec fierté. Il règne une certaine audace qui brave tout respect de droits acquis, toute possession traditionnelle ; les légions hongroises fraternisent avec les légions italiennes et polonaises ; de l'île Capréra vient un vent d'aventure qui, de l'Adriatique, soufflera en tempête jusque sur la Vistule.

C'est l'importance de cette situation étrange que l'auteur de cette étude a voulu signaler ; il n'a la prétention ni de conseiller, ni d'enseigner ; il a jeté un regard rétrospectif sur l'année qui finit, il a pu entrevoir les faits nécessaires de l'année qui commence : voilà son seul travail ; s'il a essayé d'indiquer les bases d'une transformation et d'une solution, c'est parce qu'elles sont indispensables, et qu'on y arrivera. Dieu ne veut pas que les difficultés humaines se prolongent indéfiniment. Le XIXᵉ siècle a besoin de son congrès de Westphalie.

30 décembre 1860.

ÉTAT

DE L'EUROPE

I

Le spirituel prince de Ligne (1) disait à Vienne en 1814 : «Le Congrès danse et ne marche pas » ; il faisait ainsi allusion aux fêtes, aux bals, qu'avec une galanterie exquise, le prince de Metternich multipliait, pour distraire les souverains et les ministres, fatigués d'une lutte immense et d'une guerre de vingt-deux ans.

(1) Le prince de Ligne était d'une illustre famille des Pays-Bas, au service du duc de Bourgogne ; un de ses ancêtres, avait été reçu chevalier de la Toison-d'Or en 1481, avec Philippe d'Autriche. Né en 1735, il avait 79 ans lors du congrès de Vienne, et il disait en plaisantant : « Puisque le Congrès aime tant les spectacles, je lui donnerai celui de l'enterrement d'un feld-maréchal ; » et il mourut en effet au mois de décembre 1814, en plein Congrès.

Le prince de Ligne se trompait; le congrès de Vienne marchait, et il allait même un peu trop vite. Les souverains, avec leurs grandes épées, dans l'ivresse de la victoire, les ministres, à coups de ciseaux longtemps inactifs, taillaient, tranchaient, découpaient la carte d'Europe par millions d'âmes et par cent lieues carrées. Les protocoles du congrès de Vienne sont même des actes curieux qui constatent un certain laisser-aller dans le système de partage de territoires (1).

La chose, à vrai dire, était facile et même fort légitime; un grand et glorieux empire venait de crouler et laissait, épars sur le sol, des milliers de débris : la confédération du Rhin, la médiation Suisse, le royaume d'Italie, les provinces Illyriennes, les villes Hanséatiques, etc. Ces débris, il ne s'agissait plus que de les distribuer entre les vainqueurs un peu avides.

L'Italie dut naturellement occuper l'attention du

---

(1) Le Congrès dura depuis le 2 septembre 1814 jusqu'en avril 1815. Voir ses actes dans *Recueil des Traités, concernant l'Autriche et l'Italie*, 1 vol. Paris, Amyot, 1859; — *Martens*, supplément VI, 379; — *Neumann*, II, 673; — *Martens et Cussy*, III, 64; *Kluber* (en allemand); *Murhard*, nouveau supplément, I, 334, VII, 32; *Schœll*, actes du Congrès: *Flassan*, histoire du Congrès, 3 vol., Paris, 1814; *Capefigue*, Congrès de Vienne, Paris 1844.

congrès de Vienne ; il venait de s'y passer un fait assez considérable que l'histoire doit constater.

La domination ou, pour mieux dire, l'administration française y avait été secouée avec un véritable enthousiasme ; l'Italie, toujours un peu capricieuse, s'était hâtée de revenir à ses anciens maîtres, et un homme d'esprit, longtemps préfet à Florence (1) sous l'Empire, disait à Fouché à son retour à Paris en 1814 : « Nous avons été chassés à coups de fourches. »

Ce n'était pas la première fois, depuis les Vêpres Siciliennes, que l'Italie se montrait ingrate envers la France. Sous Charles VIII, sous Louis XII, sous François Ier, accueillis d'abord avec enthousiasme, nous fûmes expulsés avec joie. Le sage et circonspect Louis XI, lorsqu'on lui annonça que les Genois se donnaient à lui, s'écria : « Eh bien ! moi, je les donne au diable (2) ! »

Le congrès de Vienne put donc tailler, déchiqueter l'Italie librement, à son gré, et il procéda par ordre de restauration. Chaque temps à sa manie ; il est des époques de restaurations, comme il y en a

(1) Le baron Fauché.
(2) *Philippe de Commines*, liv. 3.

de révolutions : ces tendances se produisent alter-
nativement, et il est fort difficile de les arrêter.

On procéda donc à Vienne par Restaurations.
L'Italie fut rendue à ses anciens maîtres.

Le plus grand de tous les exilés méritait un intérêt tout spécial. N'était-ce pas le pape Pie VII? Ses
malheurs, sa résignation le rendaient digne de l'attention du monde (1) ; c'était une figure vénérable,
historique. Il quittait sa captivité pour venir régner
sur les états du Saint-Siége. Le congrès fit donc au
pape une part fort généreuse ; les anciens États furent
reconstitués. Ce fut même avec beaucoup de peine
qu'on détacha du domaine de Saint-Pierre la ville
d'Avignon et le Comtat ; il y eut des protestations (2).

La maison d'Autriche revendiqua pour elle-même
et pour sa famille tous les domaines qu'elle possédait avant les traités de Campo Formio et de Vienne,
en 1798, en 1805 et en 1809 ; elle obtint tout le
Milanais, la Lombardie, la Vénétie. Un de ses ar-

(1) Le page Pie VII était représenté à Vienne par le spirituel et
habile cardinal Consalvi. (Voir les *Diplomates Européens*, par
Capefigue, II, 143. Paris, Amyot, 1845.

(2) Ces protestations existent annexées aux protocoles. Il est de
maxime que le pape, simple administrateur du domaine du Saint-
Siége, ne peut rien céder que provisoirement. (Voir *Recueil des
Traités* entre l'Autriche et l'Italie, p. 206. Paris, Amyot ; *Schœll*,
recueil de pièces officielles V, VI).

chiducs eut la Toscane ; un autre, Modène avec le ca
de reversibilité à l'Autriche ; l'archiduchesse Marie-
Louise, Parme, aussi avec un cas de reversibilité à
la maison de Bourbon.

Une branche cadette de cette maison de Bourbon,
spécialement protégée par la France et par l'Espagne,
reçut Naples.

Ce royaume avait été longtemps sous la domination espagnole. L'Espagne y envoyait ses vieux régiments ; les troupes Napolitaines elles-mêmes servaient dans les armées espagnoles et composaient
les excellents arquebusiers qui donnèrent avec tant
de succès à Pavie. Parme était le domaine d'un infant. Cette idée d'une influence espagnole en Italie
était si parfaitement acceptée que, par une des sti-
pulations du congrès de Lunéville, en 1801 (1), le
premier Consul avait créé un royaume d'Étrurie, avec
Florence pour capitale, en faveur d'un infant.

On vit à Paris, en 1802, à la cour consulaire, un
Roi et une Reine d'Étrurie faire hommage à la République Française, alors dans toute sa splendeur
sous le premier Consul. Les infants Rois traînèrent

---

(1) En échange de la partie espagnole de Saint-Domingue et de
la Louisiane vendue ensuite aux États-Unis. (Voir *Recueil des traités entre l'Autriche et l'Italie*, p. 78. Neumann II ; Martens VII,
538 ; Garden VI, 137.)

leurs manteaux de pourpre à l'opéra, aux fêtes de M. de Talleyrand. Les vieux républicains aimaient à se rappeler les souvenirs classiques : Rome antique avait ses rois tributaires; Cicéron protégeait les rois de Numidie ou de Lybie à la tribune et au Forum.

L'Autriche insista au congrès de Vienne pour obtenir la Toscane, en invoquant le traité de 1735 qui avait assuré ce beau territoire à la maison de Lorraine (1) en échange de cette province donnée au roi Stanislas de Pologne, avec reversibilité à la France, qui l'avait définitivement réunie sous Louis XV.

(1) Voir *Recueil des traités de l'Autriche avec l'Italie*, p. 64 ; Wenck, I, 87 ; Rousset, XIII; Garden, III, 159.

II

Le congrès de Vienne est une œuvre vieille déjà
de quarante-cinq ans ; peu de transactions européennes ont eu cette longue durée. Les traités de Westphalie, de Münster, de Nimègue se sont modifiés
par la marche du temps ; c'est la destinée des œuvres
humaines.

De tous les signataires des actes du congrès de
Vienne, souverains, hommes d'Etat, il n'en reste plus
qu'un debout, le Nestor de la diplomatie : le comte
de Nesselrode (1). Tous les autres ont été emportés
par la mort. L'édifice élevé par leurs mains seul a

(1) Né le 14 décembre 1780. (Voir *Diplomates Européens*, par
Capefigue, I, 341. Paris, Amyot, 1845.)

été épargné, et encore ce monument qu'on croyait
de granit, a été bien ébréché et penche peut-être
vers sa ruine.

L'empereur Alexandre, qui avait en quelque sorte
présidé, dominé le congrès de Vienne mourut à
quelques années de là aux extrémités de son empire (1), préoccupé d'une idée assez vaste pour
absorber la pensée de toute une vie : la Grèce indépendante s'élevant sur l'empire Ottoman qui parais-
sait au cabinet de Saint-Pétersbourg une anomalie
en l'état actuel de la civilisation.

Lord Castlereagh (2) esprit tenace et supérieur
avait fait une large part aux intérêts anglais dans le
partage des souverainetés. L'Angleterre s'assurait la
possession définitive de l'île de Malte, le protecto-
rat des îles Ioniennes (3). Elle espérait par la pro-
mulgation d'un système constitutionnel, dominer la
Sicile qu'elle avait gouvernée pendant quelques années par un lord lieutenant (4). Elle prenait à la

(1) L'empereur Alexandre mourut à 'Tangarog le 18 novembre 1825.

(2) Né en 1769, mort en 1822. (Voir les *Diplomates Européens*,
I, 385.)

(3) Voir *Recueil des traités concernant l'Autriche et l'Italie*,
p. 208.

(4) Lord Bentinck. Les régiments siciliens furent au service de
l'Angleterre jusqu'en 1814; plusieurs servaient en Espagne sous le
duc de Wellington.

Hollande le cap de Bonne-Espérance et l'île de Ceylan. Elle brisait les possessions françaises dans
l'Inde et s'assurait cette île florissante, splendide
station dans la mer des Indes, qui avait reçu le nom
de la France.

Le prince de Hardenberg (1) assurait à la Prusse
une fraction de la Saxe, une position hostile à la
France par la cession d'une partie des provinces
Rhénanes. C'était le vœu de l'Angleterre et pour
ainsi dire le prix de son alliance. Lord Castlereagh et
le prince de Hardenberg s'entendirent pour prépa-
rer à la Prusse la prépondérance en Allemagne
comme antagonisme à l'Autriche, et ces méfiances se
manifestèrent dans l'acte intitulé : *Organisation de
la Confédération Germanique* (novembre 1815).

Mais la Prusse restaurée se trouva bientôt aux
prises avec une autre difficulté : l'opinion ardente qui
avait poussé les Allemands à s'armer en 1813, c'est-
à-dire l'idée d'une patrie commune de la *Germania*
(le Tugendbund) (2). On n'apaise pas les flots une
fois soulevés ; M. de Hardenberg lui-même fut obligé

---

(1) Né en 1750, mort en 1822. (Voir *Diplomates Européens*,
I, 297.

(2) Le Tugendbund avait commencé déjà par l'insurrection en
1808 sous le prince de Brunswick Oels ; Blucher en fut le chef
secret et suprême en 1813.

de pactiser avec l'opinion, il fit quelques concessions qui ne purent satisfaire l'Allemagne. On prit bien à Toeplitz et à Troppau (1) des mesures répressives contre les universités, mais en politique, réprimer n'est pas éteindre et satisfaire. L'esprit de l'unité allemande est demeuré puissant au milieu de ces nations sérieuses et ardentes à la fois; cette unité fut leur aspiration, elle ne laissa pas toute liberté à la politique extérieure.

La position de M. de Talleyrand (2) à Vienne, malgré tout son esprit et sa grande tenue, ne fut pas bonne. La restauration de la maison de Bourbon n'avait pas été vue avec une égale faveur par l'Europe qui se souvenait de la prépondérance de Louis XIV. A travers ses malheurs, le nouveau roi, Louis XVIII, avait gardé un caractère de fierté et d'orgueil qu'il rapportait de son exil. La Restauration fut un principe et non pas une affaire de goût et de tendance. Cependant l'influence de M. de Talleyrand sauva la Saxe d'une absorption complète dans la Prusse et surtout elle rendit le royaume de

(1) 1818-1819. Ces Congrès furent exclusivement répressifs et tous de police allemande, dictés par la diète de Francfort. (Voir *Recueil* concernant l'Autriche et l'Italie, p. 249.)

(2) Né en 1754, mort le 20 mai 1838. (Voir *Diplomates Européens*, I, 75.)

Naples à la branche cadette des Bourbons (1). Cette dernière résolution se fit un peu malgré l'Autriche qui n'aimait pas à voir une branche de la maison de Bourbon à Naples ; l'Angleterre espérait aussi que la Sicile serait détachée de ce royaume pour y conserver la prépondérance commerciale et politique sous l'indépendance d'un parlement.

Le prince de Metternich (2), expression très-élevée des idées de l'Autriche, s'était réservé surtout la haute police de l'Italie ; il s'était accoutumé à ce que rien ne s'y fît sans l'intervention ou le consentement du cabinet de Vienne. L'Autriche y possédait en territoire par elle-même et par ses archiducs près de la moitié du sol et de la population ; ce pouvoir, M. de Metternich le compléta par des alliances de famille avec Naples et le Piémont. Le prince s'était habitué ainsi à croire que l'Italie tout entière était dans le domaine de sa politique et de son administration. Très-avancé dans les études historiques, il avait souvenir que les Césars allemands avaient lutté pendant

(1) Cette intervention de M. de Talleyrand en faveur de la branche cadette du Bourbon de Naples, ne fut pas tout à fait désintéressée. Le prince de Talleyrand reçut une indemnité pour la principauté de Bénévent dont il avait le titre ; il obtint le duché de Dino, titre porté encore aujourd'hui par une femme éminemment distinguée.

(2) Né en 1773, mort en 1859. (Voir *Diplomates Européens*, I 7.)

quatre siècles pour s'assurer la prépondérance, que
quelquefois ils avaient dû céder, mais pour redeve-
nir plus puissants. L'Italie du moyen-âge s'était faite
de grandes idées et de grandes images sur le César
allemand, et la lutte des papes contre la maison de
Souabe avait formulé la guerre des deux puissances.

Cette préoccupation d'une Italie impériale dominait l'esprit du prince de Metternich au point de le
rendre partial, injuste, imprudent même. La France
le rencontrait dans son influence à Turin, à Rome, à
Naples (1). Rien ne pouvait se faire ni s'accomplir
en Italie sans le prince de Metternich ; il désolait,
impatientait bien souvent la chancellerie de France
qui ne pouvait s'essayer sur la diplomatie italienne
sans y rencontrer l'Autriche et les notes de son cabinet. Le plus fort argument du prince de Metternich, c'était la peur du parti des carbonari ; il in-
voquait cette crainte partout, bien qu'il y eût un
Bourbon à Naples.

Par le fait, l'Autriche y était prépondérante et
avait même vu avec défiance le mariage du duc de
Berry avec une princesse napolitaine (2) ; elle s'in-

(1) Surtout en 1821 sous le second ministère de l'homme d'État
loyal et tout français, le duc de Richelieu.

(2) Louis XVIII disait spirituellement du prince de Metternich :
« Qu'il était la femme de ménage de l'Italie. »

quiétait aussi des liens de famille qui unissaient la reine des Français Marie-Amélie avec la maison régnante de Naples.

Ce même antagonisme de l'Autriche, le cabinet français le retrouvait à Turin. Nulle race plus brave que celle des princes de la maison de Savoie : aucune famille royale en Europe ne compte tant de héros, modèle de courage et d'intrépidité même imprudente ; son blason, brochant sur la croix de gueule, se rattache aux croisades, et le titre, un peu raillé par les modernes, de roi de Jérusalem et de Chypre rappelle de grands souvenirs. Les noms des princes Thomas et Eugène de Savoie brillent entre tous dans l'histoire (1).

Mais en même temps il faut le dire, aucuns princes ne furent plus inconstants dans leurs alliances, plus mobiles dans leurs affections politiques. Sous le règne seul de Louis XIV, ils changèrent trois fois de camp ; se dessinant selon les circonstances et pour leurs intérêts , tantôt pour la France victorieuse , tantôt pour la coalition quand la France était abaissée et qu'elle ne pouvait plus rien pour la maison de Savoie.

---

(1) Ces deux princes se distinguèrent surtout dans les guerres contre la France.

En 1690, après avoir juré alliance à Louis XIV, Victor-Amédée, duc de Savoie, traite à Turin avec l'empereur d'Allemagne contre la France (1); son armée pénètre dans le Dauphiné jusqu'à Gap et Embrun (2). Vaincu par Catinat (3), il traita avec la France en accordant au duc de Bourgogne la gracieuse Marie-Adélaïde comme gage de sa loyale amitié et de son attachement de famille (4).

Malgré ces liens, le 25 octobre 1703 (5), Victor-Amédée traita de nouveau avec l'Autriche qui lui concéda le Mantouan et le Montferrat et il entra dans la coalition contre la France; il fit sa paix particulière en 1710 (6).

Charles-Emmanuel, qui s'était allié avec la France en 1733 (7), passa sous les drapeaux de l'impératrice-reine, Marie-Thérèse d'Autriche, par le traité de

(1) Voir *Garden*, histoire des traités de paix, II, 139 et suivantes.

(2) Victor-Amédée emporta les cloches des églises de ces deux villes, comme souvenir de triomphe.

(3) A la bataille de Marsaille, 4 octobre 1692.

(4) Le 16 décembre 1697.

(5) Voir *Garden*, II, 248 ; — *Recueil* des traités concernant l'Autriche et l'Italie, p. 55.

(6) L'Espagne lui avait cédé, en 1713, le royaume de Sicile ; Victor-Amédée l'échangea en 1718 (2 août), avec la Sardaigne que lui remit l'Autriche. (Voir *Recueil* etc., p. 60.)

(7) Traité de Turin, 26 septembre. (Voir *Garden*, III, 173).

1742 (1) et menaça aussitôt nos frontières qu'il ouvrit aux impériaux. Et quand la guerre fut finie, il ne traita que de concert avec eux dans le congrès d'Aix-la-Chapelle en 1748 (2).

Il est donc curieux de suivre à travers l'histoire, cette mobilité, ces changements, ces soubresauts diplomatiques de la maison de Savoie. Les Carignan (3), en héritant d'un glorieux passé, gardèrent les qualités et les défauts de leurs prédécesseurs.

Y avait-il mobilité de nature ou n'était-ce pas plutôt la conséquence forcée de leur situation rétrécie, trop étroite pour leur ambition, étendant ses ailes sur la carte de l'Europe (4).

La maison de Savoie, qu'on nous pardonne cette comparaison, a toujours été pour l'Italie ce que la la Prusse fut pour l'Allemagne pendant les XVIIe et XVIIIe siècles : elle fut turbulente parce qu'elle n'était pas satisfaite et que son territoire n'était pas assez agrandi pour son titre et sa position. La royauté de la maison de Savoie est récente, elle ne date que

(1) 1er février (Voir *Garden*, III, 267.)

(2) Voir *Recueil* etc., 68; *Garden*, III, 372; Wenck, II, 310.

(3) La maison de Carignan monta sur le trône après l'extinction de la branche aîné en 1831, en la personne de Charles-Albert.

(4) Louis XV avait l'habitude de les appeler : les *petits Rois, les roitelets.*

de 1736; elle fut accordée par l'empereur Charles VI
en échange de la Sicile contre la Sardaigne. Les nou-
veaux rois, étouffant dans leurs petits États, se tour-
naient de droite et de gauche pour les agrandir.
C'était la situation du grand Frédéric, ce perturba-
teur de l'Allemagne au xviii° siècle, qui, lui, étouf-
fait aussi. Frédéric allait toujours en avant; allié de
la France, puis son ennemi; tantôt avec la Russie,
tantôt avec les Impériaux. Il fallait à la Prusse
comme il le disait, un ventre, c'est-à-dire des provinces autrement fertiles que le pays sablonneux qui
entoure Berlin.

Ainsi a toujours été la maison de Savoie, tel est
le rôle de la famille de Carignan. Elle veut sortir du
Piémont, s'étendre, s'arrondir; de là, sa mobilité:
ce qui paraît caprice est pour elle une nécessité. Aujourd'hui la maison de Savoie a vu une force dans
l'ancien parti de l'unité italienne, symbole du carbonarisme; elle veut profiter de cette force, comme
l'avait fait Charles-Albert, pour accomplir sa destinée et sa mission.

III .

Ce n'était point une chimère que la vigoureuse organisation du parti révolutionnaire italien.

Le carbonarisme, cette institution mystérieuse qu'on dirait créée comme un mélodrame de francs-juges avec ses serments sur des poignards, s'organisa en 1809 à peu près à l'époque du Tugendbund allemand (1). Elle fut dirigée contre la domination française en Italie, contre l'administration intelligente du vice-roi Eugène Beauharnais. Si, en Allemagne, le but du Tugendbund fut la vertu, la

(1) Le carbonarisme eut son origine à Naples, et s'étendit par la Romagne jusque dans le royaume d'Italie gouverné par le prince Eugène.

devise du carbonarisme italien fut l'unité. L'unité
dans la résistance est une idée puissante; si elle
n'est pas toujours réalisable dans l'organisation pratique des gouvernements, elle est une nécessité
dans la lutte contre L'oppression.

Les Italiens sont admirablement élevés pour les
conjurations; ils gardent le silence comme des moines
trappistes, ils inventent avec une imagination ardente les signes de reconnaissance, ils châtient les
parjures. Quiconque manque à l'engagement pris est
jugé et frappé de mort. Les Italiens savent mourir
comme des martyrs, ou tremper les mains dans le
sang comme les fanatiques du Vieux de la Mon-
tagne.

De 1813 à 1814, le carbonarisme marcha ardem-
ment au but qu'il s'était proposé (1) : la délivrance
de l'occupation française. Il réussit, et salua comme
des libératrices les armées alliées. Les Anglais se
servirent du carbonarisme pour occuper la Sicile, les
Autrichiens pour rentrer dans le Milanais et la Lombardie; pour arriver partout, à Rome, à Parme, en
Toscane, au renversement du royaume d'Italie.

_____

(1) Il est incontestable qu'à cette époque l'Autriche favorisa le
carbonarisme en Italie, comme la Prusse avaii aidé le Tugendburd
en Allemagne.

A la fin de 1814, les rôles changèrent. Le carbonarisme, mécontent de ce que certaines promesses n'avaient pas été tenues, s'organisa de nouveau en conjuration permanente contre les gouvernements dont il avait favorisé le retour. On vit les carbonari, lorsque le roi Murat (1) fit sa levée, au mois de février 1815, marcher avec lui, portant sur leur bannière : Unité et liberté de la patrie italienne.

Vaincu un moment dans la lutte, le carbonarisme s'organisa en société secrète, toujours pour assurer la liberté et l'unité de la patrie. De 1815 à 1820, un moment comprimé, il éclata à Naples, dans le Piémont (2), à Modène ; il essaya de briser les gouvernements établis. Il était dans son rôle ; mais il était aussi dans le droit de ces gouvernements, une fois rétablis, de prendre les précautions et les mesures de répression nécessaires à leur sécurité.

De là ces exils si tristes, ces proscriptions lamentables. Les carbonari italiens se répandirent alors en France, en Angleterre ; ils y apportèrent leur foi,

---

(1) Les proclamations du roi Murat appelaient tous les Italiens aux armes pour rétablir la liberté et l'unité.

(2) L'Autriche intervint vigoureusement : elle occupa Naples, la Toscane, Modène. L'opposition de Louis XVIII l'empêcha d'occuper le Piémont d'une manière permanente. A cette époque le prince de Metternich fut seul le roi de l'Italie.

leur esprit, leurs talents. On vit des princes italiens
des plus antiques familles, donner avec la plus grande
résignation, des leçons de langue et de chant, triste
et noble nécessité de toutes les émigrations !

Après le congrès de Vérone (1), la peur que les
petits états italiens avaient du carbonarisme maintint la toute-puissance de l'Autriche en Italie. Le carbonarisme parut si menaçant à Rome, à la Toscane,
à Naples, que les gouvernements s'accoutumèrent à
considérer la cour de Vienne comme une sorte de
protectrice dont il était impossible de se passer ; non-
seulement ils écoutèrent ses conseils, mais encore
ils obéirent à ses ordres. Les choses allèrent jusqu'à
ce point, qu'à Naples même où gouvernait un roi de
la maison de Bourbon, malgré les conseils plus libé-
raux de la France, l'Autriche régnait presque en sou-
veraine. Une note de M. de Metternich faisait la loi.

Ce fut pendant ces temps d'exil que l'émigration
italienne se lia avec les partis révolutionnaires
en Europe. Le carbonarisme devint la formule de
tous les complots contre les gouvernements établis

(1) Dans le congrès de Vérone (1822), la France s'occupa surtout de l'Espagne, et laissa trop l'Italie sous l'influence de l'Autriche ; M. de Metternich avait alors conquis tout ascendant sur l'empereur Alexandre fort libéral jusqu'en 1820.

en France, en Allemagne, en Hongrie : il joua
son rôle dans les journées de juillet 1830 ; les Italiens devinrent les protégés de M. de La Fayette (1)
et les réfugiés tentèrent de nouvelles insurrections
qui augmentèrent le nombre des proscrits.

Dans les négociations de 1834 sur l'Italie, l'Autriche devint d'une exigence outrée. Sur toute question, dans tout pays, elle demandait à intervenir ;
elle s'imposait en vertu des lois d'agnats, de reversibilité à Modène et à Parme. A côté des formes d'une
grande politique, M. de Metternich avait ses entête-
ments ; quelquefois même ses colères (2). La faute
de l'Autriche en Italie fut toujours d'avoir trop de
police et pas assez de pensée de gouvernement.

Quelques hommes d'État de haute fermeté lui
proposaient de suivre le système des colonies romaines ; une transfusion du sang allemand dans le
sang italien ; de diriger cette génération pleine de
sève et de vigueur qui chaque année quittait la mère
patrie pour l'Amérique, de la transporter, de l'établir

---

(1) Les salons de M. de Lafayette regorgeaient de réfugiés italiens. Ce fut par ses conseils qu'ils essayèrent des insurrections
malheureuses.

(2) Ainsi l'occupation hardie d'Ancône par la France devint presqu'un *casus belli*, qui fut apaisé par la médiation de l'Angleterre.

dans la Lombardie et la Vénétie. Ce que l'Autriche faisait pour les régiments, pourquoi ne pas l'accomplir pour la population? Il y avait un précédent : l'empereur Othon, au moyen-âge, renouvela par le sang allemand la population de la Vénétie.|

Au lieu de ce système qui aurait eu le mérite d'être conséquent, l'Autriche maintint un gouvernement de tyroliens moitié allemands (1), qui crut qu'en charmant les oreilles par la musique, en favorisant l'industrie et les intérêts matériels, on pouvait satisfaire tous les besoins du peuple.

Alors surgit une génération mélancolique et forte qui pleura les malheurs de la noble Italie; sur tous les points du monde, avec Silvio Pellico, elle trouva des sympathies et des appuis.

Le cabinet de Vienne pouvait bien surveiller les proscrits, mais il ne pouvait empêcher cette correspondance mystérieuse des âmes, elle ne tenait pas assez compte de cette sève ardente des peuples qui se développe même sous l'oppression. Déjà en 1817, lord Byron avait pressenti et chanté le réveil de l'Italie ; l'antiquité appelait les poëtes *Vates*.

---

(1) Le système administratif de l'Autriche était de maintenir sa domination par les jalousies de nationalités. A Milan, les fonctionnaires publics étaient Tyroliens.

IV

C'est avec ce parti de l'ancien carbonarisme trans-
formé, que la maison de Savoie vient de faire alliance. C'était pour Victor-Emmanuel une tradition
de son père Charles-Albert (1), qui avait tendu la
main à la révolution en 1821 et en 1848. Cette alliance, on le dit tout haut, a pour but, l'unité et la
liberté de l'Italie, résultat si généralement désiré.

Il est impossible de ne pas éprouver une douce et
heureuse impression, quand on parle de l'unité et de
la liberté de l'Italie. Nos études sont pleines de ses

(1) Charles-Albert, alors sous le nom de prince de Carignan,
avait montré une sorte de repentir de sa conduite ; les royalistes le
firent enrôler parmi les grenadiers de la garde royale de France,
et il alla servir en Espagne, où il montra une grande valeur à la
prise du Trocadero.

grands souvenirs. Voyageurs, touristes, nous sommes tous encore remplis d'enthousiasme pour ses chefs-d'œuvre : Michel-Ange, Raphaël, Dante, le Tasse. Qui d'entre nous ne ferait pas des vœux pour voir libre et heureuse cette terre si favorisée du ciel?

Mais à côté de ce ravissant aspect qui nous enchante, voyons les faits de l'histoire.

Que de fois l'unité a-t-elle été essayée par de grands esprits, par la comtesse Mathilde, le pape Grégoire VII, les Borgia surtout, et par les doges de Venise, à l'époque de sa splendeur? Le projet tomba devant les rivalités de peuples et même de cités.

Laissons le moyen-âge, temps fini, pour aborder les époques modernes. Les glorieuses conquêtes du général Bonaparte avaient délivré l'Italie de la domination autrichienne; le champ était libre pour l'organisation, et on pouvait sans obstacle travailler à l'unité italienne. Les esprits pratiques de cette époque s'arrêtèrent devant la difficulté d'une fusion. Le Directoire constitua cinq ou six États distincts : la République Transalpine avec Turin pour capitale, la Cisalpine avec Milan, la République romaine, la Parthénopéenne avec Naples aussi pour capitale; la Toscane forma également une République à part. Le

Directoire ne tenta même pas de grouper ces États en système fédératif (1).

Quand le Consulat, gouvernement fort et prévoyant, s'occupa de l'organisation italienne, il convoqua une *consulte* à Lyon : chercha-t-il à constituer l'unité de l'Italie, placée sous une même loi ? le gouvernement consulaire ne le fit pas plus que le Directoire ne l'avait tenté : le premier Consul repoussa cette unité comme une rêverie généreuse et une utopie philosophique.

Le Piémont fut définitivement réuni à la France et dut former quatre départements. La Lombardie seule fut constituée en République italienne, sous la présidence du premier Consul (2).

Nous voici à l'époque des idées brillantes et centralisées du glorieux Empire français. Après la paix de Presbourg (1805), l'Italie tout entière fut à la disposition absolue de l'empereur Napoléon ; il créa il est vrai, un royaume d'Italie avec la vice-royauté du prince Eugène Beauharnais, mais l'Italie resta dans son morcellement. L'Empereur Napoléon ratta-

(1) Auprès de chacune de ces républiques, le Directoire avait un ambassadeur ou commissaire qui dominait leurs délibérations.

(2) La vice-présidence de cette république fut donné à M. de Melzi d'une grande famille milanaise, créé depuis duc de Lodi.

cha le Piémont et Gênes aux départements français,
la Toscane devint un grand-duché à part (1), ainsi
que Lucques et Piombino. Rome resta au Pape et devint par la suite un département français. Naples
forma un royaume avec une dynastie nouvelle : ce
qu'on appela alors le royaume d'Italie, ne se com-
posa plus que de la Lombardie, entre le Pô et
l'Arno, Napoléon y ajouta plus tard la Vénétie, après
le traité de Vienne (2), et encore sous un gouvernement à part. L'Empereur était trop profondément pénétré de l'histoire et de l'esprit de l'Italie pour se
jeter dans les rêves d'unité.

Personne ne songea à constituer une Italie auto-
nome, parce qu'en effet, les mœurs, les habitudes
étaient trop profondément distinctes : le Napolitain
ne ressemble en rien au Milanais, le Génois au Tos-
can ; chaque fraction de peuple, dans cette heureuse
terre qu'on appelle Italie, a son esprit, sa cité bien
aimée, sa capitale ; Florence se croit aussi noble,
aussi digne d'être la métropole que le sont Milan et
Rome ; jamais vous ne persuaderez sérieusement à
Naples qu'elle ne doit pas être la résidence d'un

(1) Pour la princesse Éliza, sœur de Napoléon.
(2) 1805. (Voir *Recueil*, etc., p. 98; *Garden*, XI, 118; *Martens*,
14 octobre supplément V, 210.

Roi (1) : est-il jamais possible que Milan, Florence,
puissent subir Turin pour capitale ! L'unité de l'Italie
ne fut donc qu'une pensée du carbonarisme, pour
centraliser les forces de la résistance ; c'était une
arme dans la main des conjurés, mais il est impossible de mettre cette idée en pratique dans les
choses de gouvernement.

Rome seule pourrait être acceptée comme centre,
en vertu plutôt de ses souvenirs que de sa supériorité politique. Cette supériorité, Rome la doit à la
papauté ; supposons le Pape dépouillé, Rome n'est
'plus qu'une ruine sans prestige, que la ville des
morts, que la Memphis de l'Italie !

On ne peut croire sérieusement, que tant de grandes villes, naguère capitales, se sacrifient par patriotisme à l'idée de l'unité italienne ! que serait Florence sans la résidence d'un souverain ? que sera
Milan en cessant d'être le centre d'une administration supérieure comme elle l'était naguère, quand
existait le royaume Lombardo-Vénitien (2) : que sera
Naples sans le Roi qui habitait ses beaux palais, ses
jardins splendides ? Quoi ! une cité de 400 mille

_____

(1) Si l'on calculait par la population, Naples devrait être la capitale ; mais sa situation à l'extrémité de l'Italie, rend encore cette
idée d'une réalisation difficile.

(2) Milan comptait six cent soixante-dix employés du gouvernement.

âmes, pleine de joies et de fêtes, obéirait à la petite
capitale, noble mais sombre, Turin, fière aussi de la
résidence de ses antiques souverains, les ducs de
Savoie.

Maintenant si Victor-Emmanuel quitte la cité de ses
ancêtres pour choisir une capitale plus brillante :
Naples, Milan, Florence par exemple, n'est-ce pas
la mort de Turin ! il faut vraiment supposer aux Piémontais une résignation bien grande, un courage,
un désintéressement tout particuliers, pour supposer
qu'ils font tant de généreux sacrifices, pour que
leur Roi abandonne Turin, et place la résidence de
sa noble dynastie hors du berceau qui l'a vu naître !
Depuis deux ans, le Piémont se condamne à une vie
fiévreuse ; il fait des levées d'hommes extraordinaires ; il emprunte, il dépense, il impose des contributions de toute nature, et tous ces sacrifices auraient pour résultat de faire de Turin une cité de second ordre, de soumettre son influence à celle des
Milanais, des Florentins, des Romagnols, ou des Napolitains !

Cela serait difficile à supposer ; une idée n'a de
chance de succès que lorsqu'elle ne blesse pas trop
d'intérêts : nous n'en sommes plus sans doute, aux
vieilles nationalités du moyen-âge, aux guerres civi-

les de cités à cités ; mais il y a des questions d'orgueil, de commerce, d'industrie, de prépondérance qui vivent encore en Italie, et qu'on ne peut blesser ! La pensée du congrès de Vienne, de faire de l'Italie un État fédératif était empruntée au Directoire, au Consulat et à l'Empire ; seulement la suprématie autrichienne s'était trop mêlée à la nationalité.

V

Le congrès de Vienne, dans ses actes définitifs, commit une faute énorme, ce fut de ne pas faire une situation assez large, assez prépondérante aux puissances du second ordre.

Toutes avaient pourtant pris une part active à la guerre, toutes avaient fourni leur contingent d'hommes et d'argent : l'Allemagne, la Suède, l'Espagne surtout. Eh bien ! on les écouta peu à Vienne ; la Russie, l'Autriche, la Prusse, l'Angleterre prirent leur large part et firent à peine quelques concessions aux cabinets qui les avaient aidés dans la cause commune (1).

(1) Les plénipotentiaires des États de second ordre signèrent les protocoles, mais n'eurent aucune influence.

La seconde faute fut de ne pas avoir fait à la France les concessions que le prince de Metternich avait promises à M. de St.-Aignan dans la note dictée à Francfort le 9 novembre 1813 : « que les souverains alliés étaient unanimement d'acc or dsur la puissance et la prépondérance que la France doit conserver dans son intégrité et en se renfermant dans ses limites naturelles qui sont le *Rhin*, les Alpes et les Pyrénées » (1).

C'étaient donc les souverains alliés qui déclaraient eux-mêmes que les limites naturelles de la France étaient les Alpes, le *Rhin*, les Pyrénées. Il est vrai que depuis cette déclaration des malheurs étaient arrivés, les coalisés avaient passé le Rhin ; mais la victoire ne crée pas un droit permanent, et puisqu'on reconnaissait que les frontières naturelles de la France étaient les Pyrénées, les Alpes et le Rhin, si l'on voulait raffermir la paix du monde, il fallait les lui assurer d'une manière définitive.

De là des inquiétudes, un malaise général : la France sans ses frontières naturelles, l'Allemagne non satisfaite, la Pologne sans constitution définitive, l'Italie travaillée par le carbonarisme. Toutes

(1) Dépêche autographe du baron de Saint-Aignan au duc de Bassano.

ces oppositions s'agitèrent contre le congrès de Vienne.

Pour réprimer ces sourdes agitations, il fallut recourir à un pacte de garantie particulière, et, à travers son mysticisme, le traité conclu le 14 septembre 1815 sous le nom de *Sainte Alliance* (1) fut une nécessité impérative pour maintenir la police de l'Europe sur un état politique mal constitué. On a beaucoup parlé de l'influence exercée par la baronne de Krudner sur l'Empereur Alexandre pour l'amener à conclure ce traité ; l'acte de la Sainte-Alliance était dans la force des choses ; il faut beaucoup de surveillance quand il y a malaise, mauvaise constitution. L'Europe prenait la haute main pour comprimer les oppositions mêmes légitimes (2).

Tout aussitôt on vit l'Angleterre se séparer, un peu en raillant de ce tte Europe qu'elle avait conduite depuis vingt ans dans la coalition. Lord Castelreagh déclara : « qu'il ne pouvait entrer dans une ligne politique si mal définie que celle du traité de la Sainte Alliance (3)» ; et c'est de cette époque

(1) Voir *Neumann*, III, 41 ; *Martens*, nouveau recueil II, 656.
(2) La copie autographe de la main d'Alexandre Iᵉʳ, fut envoyée par lui à la signature de l'empereur de l'Autriche.
(3) Lord Castelreagh ajouta « qu'il ne ferait jamais comprendre au parlement l'utilité d'un traité de police sentimentale.

que date la politique particulière de la Grande-Bretagne.

L'Angleterre tout en manifestant des sentiments et des principes de justice éternelle, est peut-être la puissance qui met le moins de soin à conserver l'inflexibilité et la fixité dans ses rapports d'État. Elle a des intérêts permanents et une politique mobile ; elle change avec les situations, n'est-ce pas la raison suprême dans un monde qui change toujours ? Elle soutient une cause ; cette cause périt pourquoi voulez-vous qu'elle persiste à reveiller ce qui n'a plus de vie ? Le patriotisme anglais peut s'intéresser aux progrès du genre humain, mais au-dessus de tout il place l'Angleterre, la sainte, la puissante Albion !

Le plus admirable journal du monde, c'est *le Times* ; et pourtant il change du jour au lendemain d'opinion sur les questions pratiques ! C'est que ces questions elles-mêmes se modifient ; ce qui pouvait se soutenir aujourd'hui, demain ne serait plus qu'un principe absurde. La force victorieuse a aussi sa légitimité ; bien fou qui s'y heurte la tête ; la bonne politique anglaise consiste en ce qu'elle ne se passionne jamais pour tout ce qui n'est pas un fait, qu'elle ne se crée pas des chimères et ne combat jamais pour les choses mortes.

Ainsi la politique anglaise sacrifierait volontiers tout le congrès de Vienne, pourvu cependant qu'on ne touchât pas à sa domination sur Malte, Gibraltar, Ceylan, l'Ile de France, les possessions de l'Inde et de l'Amérique que le Congrès lui a assurés. Aussi la trouve-t-on facile sur tout ce qui concerne l'Italie, car sa prépondérance n'y est pas intéressée. Et d'ailleurs n'est-ce pas un fait accompli la loi matérielle de sa politique?

VI

La doctrine de l'acceptation des faits accomplis
plaît spécialement à l'Angleterre parce qu'elle est
commode et qu'elle ne dérange rien, pas même la
violence victorieuse : chaque nation est maîtresse
chez elle ; l'Angleterre n'est pas chargée d'en faire
la police.

A toutes les époques, au reste, les faits accomplis
ont été acceptés par les Souverains et les États
étrangers. Seulement on faisait plus de façon ; on
avait plus de politesse, plus de procédés, plus d'é-
gards pour les droits traditionnels, en un mot
pour les causes antiques qui avaient le malheur d'ê-
tre vaincues.

Ainsi Philippe III, roi d'Espagne, reconnut la liberté des provinces-unies, insurgées sous Philippe II, insurrection favorisée par Henri IV (1).

Ainsi Louis XIV, tout fier qu'il fût, tout pénétré qu'il pût être des droits de la Royauté, accepta par le traité de Ryswick (2) la révolution de 1688 en Angleterre; et le Roi légitime, Jacques II, mourut en exil à Saint-Germain.

Ainsi l'Angleterre reconnut l'émancipation de ses propres colonies par le traité de 1783 (3), signé avec la France.

La République Française et l'Empire furent également acceptés par l'Europe comme de grands faits accomplis.

Mais les choses ne marchaient pas si vite alors : l'émancipation des Pays-Bas fut conquise par vingt années de guerre et de sacrifices; le gouvernement des États-Unis ne fut reconnu qu'après cinq ans de luttes maritimes, et l'on sait ce qu'il fallut de terribles et glorieux efforts pour faire admettre la République Française dans le droit public des nations.

---

(1) Tout le parti calviniste en France s'était intéressé à l'émancipation des Pays-Bas.

(2) 20 septembre 1697. (Voir *Garden*, II, 160. *Dumont*, VII, part II, 399.)

(3) 3 septembre. (Voir *Garden*, IV, 334. *Martens*, II, 680).

Elle fut reconnue par le traité de Bâle (1795), signé avec la Prusse.

Par l'Autriche à Campo-Formio, 1799.

Par l'Angleterre à Amiens, 1802 (1).

Par la Russie à Paris, 1802.

Cependant tous ces traités de reconnaissance
avaient été précédés de guerres, et la victoire sanctionne bien des choses. Ce n'est qu'à partir de la
Révolution de 1830, que la doctrine des faits accomplis prit ces allures faciles et le sans-façon dont
nous avons parlé.

Ainsi, en France, une subite révolution renverse
une vieille dynastie, signataire stipulante dans le
congrès de Vienne ; sur les barricades presque encore fumantes, le 6 août, l'Angleterre reconnaît
le roi Louis-Philippe ; l'Autriche et la Prusse suivent cet exemple le 12, et enfin le 20 septembre, la
Russie par une lettre un peu sèche de l'empereur
Nicolas reconnaît également le fait accompli.

Il y eut un peu plus de difficultés pour la Constitution de la Belgique qui déchirait une des pages
les plus travaillées des actes du congrès de Vienne.

_____

(1) L'Angleterre avait offert de reconnaître l'empire Français
dans la négociation entamée en 1807. (Voir le *Recueil des traités
de paix*, par M. de Garden).

La conférence de Londres régla tous les rapports diplomatiques du nouveau gouvernement, désormais séparé de la Hollande.

Cette facilité à s'accommoder avec les faits accomplis, cette habitude de la diplomatie d'accepter ce que la Providence permet, crée évidemment une situation nouvelle qui a ses périls, sans doute, mais aussi ses avantages ; elle impose aux gouvernements établis, le devoir surtout de se préserver eux-mêmes puisqu'une fois tombé, on pourra faire des vœux pour leur rétablissement, mais bien peu feront des sacrifices pour leur restauration. *Væ victis* ! Les gouvernements sont comme les dieux antiques ; les causes victorieuses seules leurs plaisent ; le dévoû ment de Caton est rare et comme dit le poëte :

Victrix causa diis placuit, sed victa Catoni.

L'égoïsme, la conservation de soi créent des devoirs supérieurs, des forces particulières. Quand un gouvernement sera très-convaincu que, s'il a la maladresse de se laisser tomber, on ne s'intéressera guère à lui, il veillera mieux à sa propre conservation et à la bonne gestion de l'État. Un gouvernement régulier a dans les mains, tant de moyens de

se conserver, de se maintenir ; l'armée, l'administration et, par-dessus tout, l'amour et la confiance
des sujets qu'il doit s'efforcer d'acquérir : s'il a la
maladresse de négliger tout cela, l'Europe lui dit
avec politesse : «Prenez le bâton du pèlerin, puisque
vous n'avez pu garder la couronne ; nous ne ferons
pas de croisade pour vous. »

De ce droit nouveau qui ne rend plus les gouvernements solidaires les uns des autres, résultera le
développement d'une certaine énergie dans chaque
pouvoir ; cela n'est pas un mal. La Sainte-Alliance (1), qui établissait une police générale d'État
en proclamant la solidarité des pouvoirs légitimes,
permettait un peu de paresse à chacun. On se
fiait à l'intervention étrangère pour réparer ses
faiblesses ou ses fautes ; l'égoïsme vigilant sera donc
une des lois des pouvoirs qui veulent se conserver.

L'esprit du congrès de Vienne est encore ici
cruellement atteint, car il était essentiellement fondé
sur les principes de la solidarité, de la légitimité
et de l'intervention, quand ces principes étaient
menacés par l'esprit révolutionnaire.

Il est vrai que les hommes d'État, signataires du

(1) Les grands gouvernements de la Sainte-Alliance avaient un
peu abusé du droit d'intervention.

congrès, avaient eux-mêmes fait bon marché à
Vienne de bien des droits anciens et des principes de justice. En proclamant là restauration du
droit traditionnel, ils l'avaient plus d'une fois mé-
connu.

D'où vient, s'ils avaient une si grande sollicitude
pour le droit, que la France n'obtint pas alors les
frontières du Rhin que le prince de Metternich au
nom de l'Europe avait déclarées naturelles, légitimes, dans la note dictée à M. de Saint-Aignan, à la
conférence de Francfort ?

D'où vient que la Prusse s'empara d'une fraction
de la Saxe ?

Que la Russie s'attribua la Pologne, en la con-
stituant en royaume dont l'indépendance fut bientôt absorbée ?

D'où vient qu'on admit sans esprit de retour la
doctrine de sécularisation qui était un acte de violence de la Prusse ? Cette puissance obtint même la
Poméranie, patrimoine de la Suède ?

D'où vient que l'Angleterre garda pour elle
Malte, Ceylan, les Iles Ioniennes, Batavia, et surtout
notre belle île de France ?

D'où vient que le Danemark fut puni de sa fidélité à la cause française, par la perte de la Norvège réunie à la Suède (1)?

Le congrès de Vienne, cette arche sainte de la diplomatie, reconnut bien des faits accomplis plus ou moins justes ; chaque événement a depuis arraché une page à ce livre d'or de l'Europe qui ne sera bientôt plus qu'un document à consulter pour les archives. S'il était permis de mêler le burlesque à des choses si graves, les actes du congrès pourraient être comparés au couteau de Jeannot; on a changé le manche, la lame, la gaine, mais c'est toujours le même couteau.

(1) Le Congrès de Vienne fit même une large brèche au principe de la légitimité, en repoussant les droits de Gustave IV, le colonel Gustavson, héritier légitime de Gustave III.

VII

La doctrine des faits accomplis sera-t-elle toujours impitoyablement appliquée, même à la chute des dynasties nationales, vieux arbres déracinés par la tempête? Il est d'habitude de déclamer contre les princes qui ont gouverné l'Italie depuis le congrès de Vienne et les Tacites quotidiens, à leur petit lever, lancent leur foudre contre les tyrans. Il ne faut pas que l'orgueil d'une régénération même splendide rende injuste envers le passé ; tout en respectant les sentiments de liberté et d'indépendance d'un peuple, on doit tenir compte aussi des graves efforts des gouvernements : on est toujours si injuste en-

vers eux ! Quels étaient donc ces gouvernements italiens maintenant si attaqués ?

Les grands-ducs de Toscane, par caractère, par
tradition, étaient la bonté, la tolérance en personne ;
on peut dire que les archiducs de la maison de Lorraine, appelés à gouverner l'Italie, abdiquaient tout
souvenir autrichien en présence des grandeurs de
Florence, Pise et Sienne : écrire l'histoire des
grands-ducs de Toscane (depuis le traité de 1735),
serait retracer le tableau animé des progrès de l'esprit humain, de la bienfaisance, de la législation, de
la tolérance absolue. La Toscane était le seul pays
du monde où la peine de mort fut abolie d'une façon absolue. (1).

Le premier-grand duc de Toscane de la maison de
Lorraine fut cet admirable Léopold-Joseph, le pro-
tecteur de toutes les institutions généreuses, trop to-
lérant peut-être, trop facile à se laisser dominer, fas-
ciner par les idées du XVIIIᵉ siècle ; celui que Montes-
quieu et Voltaire comparaient à un Dieu descendu
sur la terre.

Son successeur, le grand-duc Ferdinand, fut si
ami de la paix, du repos, qu'il garda la neutralité

(1) Le code pénal du grand-duc Léopold fut pris pour modèle
par l'assemblée constituante en 1790.

en pleine coalition contre la République Française et qu'il mérita les éloges même du comité de salut public (1).

La tolérance politique fut aussi le caractère de son successeur Léopold, l'heureux époux de Marie-Anne de Saxe : est-il un pays en Europe, où les proscrits de 1815 aient trouvé un abri plus sûr, une protection plus grande? où s'étaient réfugiées toutes les grandeurs déchues, après le congrès de Vienne, et les majestés de la gloire et de la fortune enfantées par la révolution? A Florence, dans les riants palais de l'Arno, ne trouvait-on pas les princes cruellement mis au ban de l'Europe par les traités diplomatiques de 1815? N'y étaient-ils pas riches, libres et heureux, en y conservant même leurs dignités, leurs titres méconnus et niés? y avait-il une police à Florence? Les grands-ducs étaient si bons, si simples pour leurs sujets, qu'ils hésitaient à créer des diligences privilégiées entre Pise et Florence, afin de ne pas nuire aux vieux vetturini qui faisaient le trajet pour un écu.

Les grands-ducs, héritiers des Médicis, avaient réuni cette belle collection d'objets d'arts qui fait du

(1) Le rapport que fit Robespierre au nom du comité de salut public à la Convention est fort remarquable ; il ménage beaucoup les neutres, c'est à-dire la Suisse, la Toscane, la Suède, le Danemarck, la Porte-Ottomane.

palais Pitti et de *la Tribune* la merveille du monde;
la vie à bon marché, était réalisée en Toscane,
presqu'aucun impôt; Livourne, port riche et franc,
aucune conscription, pas d'armée, car on ne pouvait donner ce nom à quelques pacifiques soldats
qui montaient la garde paisiblement assis à la porte
des cités, ou qui servaient de cicérone au *campo
sancto*, à la cathédrale ou au baptistère de Pise.

Nous n'avons point à juger au point de vue administratif, le gouvernement du Saint-Père; on a fait
des livres railleurs sur Rome; des écrivains qui ont
loué les désordres de 1848, ou qui ont applaudi aux
misères de la démocratie, ont attaqué sans relâche ce
gouvernement qui n'a qu'un défaut, le décousu ré-
sultant d'une excessive bonté paternelle, qui craint
de toucher à quelque chose, même aux abus. Les
gouvernements modernes ont l'habitude de multiplier les comptes et les chiffres; les peuples payent
trois fois plus; mais la comptabilité est parfaite; les
gouvernements qu'on appelle arriérés ont moins de
comptes et un peu plus de ménagements; ils s'ar-
rêtent devant un abus, lorsque sa destruction amè-
nerait la désaffection et la plainte. C'est un tort peut-
être, mais ce tort vient du cœur (1).

(1) D'après la statistique publiée même par l'école moderne,

Vous avez vécu à Rome dites-vous, et vous parlez
d'intolérance? Dans quel pays l'étranger trouve-t-il
plus de liberté et de tolérance religieuse? N'avez-vous
pas vu des Anglais paisiblement manger des sandwichs
dans la grande basilique de Saint-Pierre durant les
solennités de la semaine sainte, et comme tolérance
politique, il y a bien longtemps déjà, n'y voyait-on
pas la majesté déchue de la mère de Napoléon, aussi
respectée à Rome qu'à côté du trône, dans le splendide palais du cardinal Fesch; tandis que la pros-
cription frappait toute sa famille, le cardinal gardait
sa pourpre indélébile, et l'Europe se souvient que
le pape Pie VII fut le seul prince qui fit entendre sa
voix persévérante en faveur du glorieux captif de
Saint-Hélène.

Ceux qui dans les livres attaquent le gouvernement
du Saint-Père, ont souvent pris leurs informations
chez les barbiers del Corso, de la via Ripetta où dans
les cafés de la place d'Espagne; ils nous donnent des
caricatures et des pochades d'artistes pour la vérité.

A Naples, depuis l'année 1745, la maison de Bourbon n'a-t-elle pas fait quelque bien et jeté quelqu'é-
clat : la population de Naples qui était de 200,000

c'est en Angleterre où le peuple paye le plus, et dans les États-Ro-
mains où il paye le moins par tête d'homme.

4

en 1751, s'élève aujourd'hui a plus de 450,000. A la dynastie des Bourbons, Naples doit ses établissements d'industrie, de commerce, ses théâtres, les grandes fouilles qui ont fait revivre Pompéia, ensevelie sous la cendre, ses beaux palais éclairés par le soleil, entourés de jardins splendides qui ont aujourd'hui l'honneur de recevoir M. Alexandre Dumas; ce musée unique dans le monde où les trésors de l'antiquité ont été recueillis avec une abondance telle que tous les musées de l'Europe réunis ne peuvent l'égaler pour les antiquités grecques et romaines.

On vous dit : « le peuple y est misérable, témoin les lazzaroni. » Vous qui parlez ainsi, avez-vous vécu à Naples : connaissez-vous le lazzarone? il vit de peu, dans une douce paresse, sur les sables de Santa Lucia; quand il a mangé son macaroni et bu son verre d'eau à la belle source ferrugineuse, il dort comme un lézard, le ventre au soleil. Vous n'en ferez jamais un travailleur, comme l'ouvrier de Londres ou de Paris, pas plus que vous ne changerez les rayons d'or du golfe de Naples en brouillard de la Tamise, ou le vin de Castellamare, de Syracuse ou de Marsala en bière nauséabonde et en porter. Chaque peuple a ses qualités, ses facultés particulières;

le bonheur est relatif. La philosophie des lazzaroni
a ses douceurs et ses charmes ; le roi Murat était
aimé de ce peuple, précisément parce qu'il avait respecté, caressé, enthousiasmé ces multitudes : elles
aimaient en lui, ce que d'autres appelaient ses défauts : ses écharpes de soie, les plumes flottantes de
son chapeau, ses manières hardies et populaires, sa
dévotion à saint Janvier, que le général républicain
Championnet avait lui-même respecté. Les processions, les spectacles publics, l'amour, la haine, les
applaudissements, les murmures, l'enthousiasme
qui élève Mazaniello, et brise le lendemain l'idole ;
voilà ce qui est au fond du cœur et des imaginations
à Naples ; voilà ce qu'on ne changera jamais !

VIII

De cette justice que l'histoire impartiale et les contemporains réfléchis doivent rendre aux vieux gouvernements de l'Italie, brisés ou courbés par le souffle des révolutions, faut-il en conclure la nécessité politique d'une restauration de chacun de ces gouvernements dans leurs conditions anciennes?

Certes, rien de plus honorable et de plus élevé que cette foi loyale qui fait battre d'enthousiasme et de fidélité quelques nobles âmes pour les fortunes tombées; ne raillons pas ces sentiments; c'est un bel héritage resté au cœur humain. Mais les hommes politiques, tout en rendant justice à ces sentiments de loyauté, ne peuvent méconnaître les difficultés d'une restauration, alors même que la force qui a fait tomber une vieille dynastie est injuste et violente. La cause en est dans ce fait invariable : qu'une révolution a bouleversé trop d'intérêts compromis, trop de personnes pour qu'elle veuille jamais revenir sur elle-même et se condamner. Il est bien difficile à une dynastie antique de se maintenir après une restauration, même avec la volonté la plus ferme du bien public.

Certes, à côté du sombre caractère de Cromwell, de cet atrabilaire despotisme caché sous l'armure de fer des puritains, qui n'eût préféré la charmante restauration de Charles II, même avec ses faiblesses et ses galanteries : on aime ces physionomies de cavaliers, que le pinceau de Van Dyck a reproduites et immortalisées, ce portrait de Charles II, aux beaux traits des Stuarts, debout, la canne de commandement à la main, tandis qu'un jeune page tient son élégant cheval de bataille ; et pourtant Charles II, reçu d'abord à Londres avec enthousiasme, vit son gouvernement arrêté à chaque pas par des obstacles, si bien qu'il légua une situation impossible à Jacques II, ce prince pourtant si Anglais, si national (1)!

_____

(1) On sait que Jacques II a la bataille de la Hogue que la

Jacques II fut brisé et renversé par quelques régiments recrutés en Hollande, en Allemagne, et l'Angleterre salua l'avènement de Guillaume III, ce caractère inflexible dans la politique, qui ne fut fort que par les étrangers; le favori du nouveau roi d'Angleterre fut sir William Bentinck, un Hollandais orangiste, créé duc de Portland (1).

Mais l'avènement de Guillaume III, ingrat et violent, d'une usurpation un peu odieuse, rassurait tous les intérêts acquis, toutes les injustices commises par la révolution, et, par dessus tout, la foi protestante, qui alors était l'esprit de révolution. Il consacrait toutes les usurpations particulières par la plus grande de toutes : ce fut la force du gouvernement de Guillaume.

Voyons en France! Le jour de la justice est arrivé pour apprécier la restauration de la maison de Bourbon en 1814. Il n'est pas un homme sérieux qui puisse nier aujourd'hui que ce fut un gouvernement honnête, national, qui donna la paix, la prospérité, la liberté à la France, et cependant la restauration

France livrait pour sa cause, placé aux bords du rivage, encourageait ses braves Anglais du geste et de la voix.

(1) Le duc de Portland fut envoyé comme ambassadeur en France après la paix de Ryswick.

fut attaquée, menacée, arrêtée à chaque instant par
une opposition injuste, tracassière qui à la fin brisa
le sceptre de Charles X.

Pourquoi cela? c'est que ceux qui avaient fait la
révolution de 1789, bien que caressés par la charte,
n'étaient jamais rassurés; ceux qui avaient profité
de ses résultats ne pouvaient croire à tant d'oubli.
Ils n'étaient plus triomphants mais amnistiés, ce qui
blessait leur conscience et leur amour-propre. Ils
profitèrent de la liberté pour conspirer, et la restauration tomba par la loi historique, inflexible, qui avait
précipité la ruine des Stuarts; les enfants de la révolution craignaient un retour vers l'ancien ordre de
chose. En 1688, les lords et les communes d'Angleterre firent un changement de dynastie, parce qu'ils
craignaient, avec un Roi catholique, la restitution des
abbayes confisquées; les acquéreurs de biens natio-
naux, même avec les garanties de la charte, redou-
taient d'être dépouillés par les anciens possesseurs,
et ils firent la révolution de 1830, qui consacra
même le régicide.

En partant de cette invariable donnée historique,
l'Europe peut mettre fort rationnellement en doute
la possibilité d'une restauration absolue en Italie
pour tous les gouvernements fatalement renversés.

Ce ne serait pas en vertu d'un sentiment de justice et d'équité, mais ce pourrait être la nécessité politique du fait accompli et les difficultés qu'on rencontrerait à le briser.

La restauration des anciens gouvernements de l'Italie ne pourrait s'accomplir que de deux manières :

Ou par un mouvement intérieur venu du peuple lui-même ;

Ou par la main des étrangers et de l'Autriche spécialement.

Une insurrection populaire ne pourrait être en Italie, avec l'esprit et le caractère des habitants, qu'une terrible et sanglante réaction, comme on en vit une en 1797 (1) ; le sang serait versé à flots, et un gouvernement ne doit pas souhaiter une telle inauguration, serait-elle même légitime.

Ou la restauration s'opérerait par la force extérieure, et alors son origine serait déplorable. On la lui reprocherait incessamment ; pour la maintenir et se conserver, le gouvernement aurait besoin de recourir encore à l'exil, aux proscriptions ; il n'aurait aucune liberté d'action, aucune popularité, ce serait à recommencer en Italie.

(1) Témoins les insurrections de Pavie et de Vérone contre les Français.

Il y aurait peut-être un cas de restauration qui n'est pas assez pressenti, c'est celui qui résulterait de la fatigue des esprits, des sacrifices répétés qu'imposerait la révolution ; puis des petits ridicules qui l'accompagnent.

Il est possible que les meneurs soient parfaitement satisfait des levées d'hommes, du doublement d'impôts, des emprunts répétés, de la mobilisation de la garde nationale. Nous sommes convaincus que le peuple paisible, la bourgeoisie travailleuse, le commerce et l'industrie ont assez de tout cela ; et que bien des souvenirs se reportent avec regret, vers les jours paisibles où Florence, Naples, Pise et Messine même jouissaient du repos profond, du bienfait de la paix générale ; ce qui s'opérerait dans les esprits, ce ne serait pas alors une *restauration* mais *un retour*, ce qui est plus puissant, plus fort, plus durable.

Ensuite, bien que l'Italie soit gaie, charmante, et qu'elle aime le carnaval, nous ne savons si la politique de polichinelle de l'abbé Gavazzi (1), cette apostasie bouffonne et odieuse, pourra longtemps dominer les esprits. Et pourtant, on le présente comme l'apôtre de l'unité italienne ; le jour n'est pas loin

(1) On a osé publier ses homélies.

peut-être où ces folies paraîtront fort ridicules et si l'ordre de choses nouveau n'a que des impôts à doubler, des emprunts à réaliser, de nouvelles levées d'hommes à ordonner, et, qu'il assaisonne tout cela de parades, la révolution mourra d'elle-même. Florence est-elle aussi heureuse aujourd'hui, que lorsque le drapeau ducal flottait sur le palais Pitti? Les étrangers viennent-ils encore chercher le repos et la méditation dans ses palais déserts! et les jeunes filles, parées du chapeau florentin, offrent-elles encore la rose ducale aux myriades de riches voyageurs qui visitaient ses monuments et ses musées?

IX

Avec la meilleure volonté d'accepter les faits accomplis, il est impossible de ne pas considérer
comme fort graves, en principe, pour les gouvernements réguliers, les événements qui viennent de se
passer en Italie : d'abord l'invasion inopinée, violente, du roi Victor-Emmanuel, avant toute déclaration de guerre, dans des États qui étaient en pleine
paix avec lui, et cela pour des motifs que tout le génie bruyant de M. de Cavour n'a pu justifier (1) !

(1) Lord John Russell n'a pas été plus heureux en invoquant le
témoignage de Vatel, car il résulterait des principes émis que, si
l'Irlande n'était pas heureuse et libre, le général Garibaldi pourrait
l'envahir justement et légalement.

Toutefois l'histoire offre quelques exemples de ces actes violents suivis de longues guerres! Lorsque le prince d'Orange partit de la Haye avec un corps de Hollandais et de Hanovriens pour envahir l'Angleterre, il invoqua également l'appel que faisaient à son courage les patriotes anglais; lui aussi était parent du roi qui régnait en Angleterre, de Jacques II. Le prince d'Orange réussit, mais il y eut une guerre européenne. Au XVIIIᵉ siècle, le roi Frédéric II, sans motifs, sans déclaration préalable, envahit la Silésie; ce fut la cause de la guerre de sept ans, qui amena la coalition de la Russie, de l'Autriche et de la France. La monarchie prussienne faillit y périr, il fallut tout le génie du grand Frédéric pour la sauver.

Un autre exemple se trouve dans l'histoire du Directoire exécutif de la République française. En 1797, quand l'armée du général Brune envahit la Suisse, sans déclaration, sous prétexte de changer les formes de la constitution, et en vérité pour s'emparer du trésor de Berne (1), cette violence fut suivie d'une nouvelle coalition, et les armées ennemies, sous le feld-maréchal Souvarow, vinrent presqu'aux

(1) Ce trésor, amassé depuis longues années, s'élevait à 64,000,000 : il servit aux dépenses de l'expédition d'Égypte.

pieds des Alpes : il fallut les victoires de Masséna, et
le génie du premier Consul pour détourner les conséquences d'une telle violation du droit des gens.

On conçoit bien la résolution subite d'un soldat
de fortune, du général Garibaldi ; il joue son rôle, il
obéit à ce qu'il croit une mission, rien de plus simple, de plus naturel, de plus excusable ; s'il réussit
il devient un grand homme, s'il tombe, il redevient
aventurier. Mais Victor-Emmanuel est le chef d'un
gouvernement, roi reconnu, et il attaque le chef d'un
autre gouvernement, roi comme lui, et son allié par
le sang et la parenté ; hélas ! en politique ces liens
sont rarement respectés et servent souvent à réaliser
cette triste maxime ; « au plus fort le droit. »

Un autre fait grave de la révolution italienne,
c'est la défection des soldats sous le drapeau qui
abandonnent le souverain auquel ils ont prêté ser-
ment pour passer à la révolution, ou bien même à
un autre souverain ; c'est surtout à Naples et en Sicile que cette déloyauté s'est produite dans des conditions fatales à toute discipline (1).

Que le gouvernement s'appelle monarchie, répu-

(1) Il y a eu aussi dans l'armée napolitaine des exceptions de
haute fidélité.

blique, aristocratie, démocratie, **son premier besoin,** sa première nécessité, c'est **la fidélité des troupes ;** sans elle, on marche droit au **Bas-Empire,** à la destruction de tout ordre moral et politique. Si les gouvernements réguliers ne peuvent **plus** compter sur la fidélité des soldats, **que leur reste-t-il?** Si l'on honore, si l'on élève, si l'on exalte les généraux qui défectionnent, où se trouvera donc désormais la garantie de l'ordre dans les États?

Ce qui fit la force, l'honneur **du Comité** de salut public dans la République française, c'est qu'après toutes les défections, des gardes françaises en 1789, des régiments de volontaires, des généraux Lafayette et Dumouriez, il rétablit une **telle discipline** dans les camps, parmi les généraux comme parmi les soldats, que sur un ordre du représentant du peuple en mission, tous obéissaient, comme des religieux à leur supérieur : le représentant du peuple, c'était le gouvernement (1).

La discipline est la première loi des armées. Il n'est pas d'excuse pour la défection du soldat : il n'appartient ni au général, ni à l'officier de s'occuper si le gouvernement auquel il obéit est bon ou

(1) Rapport de Barrère à la Convention : novembre 1793, janvier 1794.

mauvais, si le système constitutionnel est préférable au pouvoir absolu de la monarchie ; ces débats sont en dehors des armées, qui doivent fidélité à leur drapeau quelle que soit sa couleur. Un soldat n'a pas à juger la politique du gouvernement.

Singulière transformation des principes ! on félicite, on entoure de gloire un roi, qui, sans déclaration de guerre pénètre dans un État, et l'on traite en rebelle le roi qu'il détrône ; une armée est entourée, caressée, exaltée, parce qu'elle défectionne !

L'histoire est un livre, malheureusement élastique, où tous les exemples se trouvent. En Angleterre, Jacques II était un rebelle pour le prince d'Orange, proclamé Guillaume III. A ce moment, il y avait deux gouvernements réguliers, et ce ne fut qu'après une guerre de dix ans que la France reconnût le gouvernement de Guillaume III et la nouvelle dynastie.

La question successoriale se produisit encore sous la reine Anne ; de longs efforts purent seuls mettre un terme aux désordres que le principe d'insurrection avait fait naître en Angleterre. Des lois inflexibles sur la discipline et la subordination, rendirent le code anglais terrible, parce qu'il fallait réprimer

5

le désordre et que le pouvoir s'était fondé lui-même sur une grande défection.

Sous toutes les couleurs qu'elle se présente, il faut flétrir la défection et honorer la fidélité au drapeau ; quand l'histoire viendra avec son inflexibilité, elle aura bien de honteuses révélations à faire et, comme au temps de lord Walpoole, elle pourra nous donner le tarif des consciences dans la défection napolitaine.

X

La défection érigée en principe et mise en honneur est une de ces maximes qui menacent tous les
gouvernements : Aussi les diplomates de la révolution, M. de Cavour en tête, se gardent-il bien d'é-
mettre cette doctrine dans sa netteté désorganisa-
trice : ils la déguisent sous des mots retentissants
et populaires, avec lesquels ils endorment, ils enchan-
tent les cabinets : « Ce que nous voulons, disent-ils,
c'est la nationalité, la liberté, le progrès : quel bar-
bare pourrait s'opposer au développement de maximes si généreuses? »

Ceci va loin : supposez l'Italie triomphante sous
le roi Victor Emmanuel, le général Garibaldi con-

nétable, et le comte de Cavour premier ministre, du
nouveau royaume on dira :

« La belle Italie est libre, mais la noble nation
Allemande, ne mérite-t-elle pas son unité, sa liberté ?
Elle a produit Goëthe et Schiller, comme l'Italie a
produit Dante, le Tasse. C'est le pays des fortes universités et des grands penseurs ; là où il n'y a qu'une
seule langue, il doit y avoir unité de gouvernement
et de politique. L'Europe peut-elle hésiter à reconnaître un fait si légitime qui va s'accomplir ?

« L'Allemagne libre, laissera-t-elle long-temps
gémir la Hongrie, sa sœur bien-aimée, cette nation généreuse qui la protégea de son large cimeterre contre l'invasion des Turcs au xviᵉ siècle,
peut-on la laisser gémir dans l'esclavage ?

« Et toi, héroïque nation polonaise ! à quand donc
le réveil ! !! on t'a partagée comme une esclave dé-
pouillée ; ta robe d'or est déchirée, ne veux-tu pas
enfin être une nation ?»

A l'aide de cette poésie et presqu'au son de la
lyre harmonieuse, la révolution espère remanier la
carte générale de l'Europe.

Voilà pour la poésie ; arrive le tour de l'érudition
qui cherche à tout démolir par l'étude des races
Slaves, Germaniques, Magyares, Latines, véritable

anarchie dans les idées de gouvernement. Vouloir gouverner par les races, serait vouloir diriger le monde par les fouilles géologiques. Les races se sont fondues avec le temps. Qui distinguerait encore en Angleterre les races picte, saxonne et normande? N'avons-nous pas en France les races latine et germaine, et à ce compte les érudits de Turin savent bien que les Piémontais ne sont pas de race latine, mais alobroge, moitié gothique et moitié bourguignonne, sans aucune affinité avec la race primitive de l'Italie, le pays qu'ils veulent gouverner? (1).

En présence de ces doctrines désorganisatrices et de ces faits capables d'ébranler le vieux droit diplomatique de l'Europe, ce qui étonne, ce qui peut même effrayer les partisans de cet ancien droit, c'est la tranquillité et presque l'indifférence avec lesquelles ces faits sont presque tous acceptés par les cabinets intéressés à les combattre? C'est que l'esprit nouveau a pénétré ces cabinets; énervés eux-mêmes, ils sont devenus paresseux, sensualistes; beaucoup d'hommes d'État, semblent dire, comme

----

(1) La race bourguignonne s'établit depuis Autun jusqu'à Genève, Chambéry et Turin : la maison de Savoie elle-même était d'origine germanique, et presque de race Carlovingienne de la Souabe.

Louis XV : « Qu'importe, pourvu que cela dure autant que nous. » Ils aiment les plaisirs de la vie; avant le XVIIIe siècle, l'homme d'État qui se donnait une mission avait le teint pâle du cardinal de Richelieu, le corps amaigri, le front large et méditatif: les amphores pleines de vin passaient devant lui sans qu'il y portât les lèvres; l'homme d'État était un moine politique, comme le père Joseph qui dirigea le congrès de Westphalie.

Sous l'empire de l'esprit nouveau, les princes même n'ont plus cette grande énergie des affaires; jeunes, ils songent aux joies des cours, aux pétillantes émotions. Ils ne manquent pas de courage, l'épée à la main, mais ils sont trop de leur siècle pour le conduire vigoureusement. Ils vivent trop avec le sensualisme qui énerve les âmes. Peu s'élèvent à cette puissance de fermeté qui sauve les États.

C'est à peu près dans ces conditions d'idées, de plaisirs et de caractère que la Révolution Française surprit l'Europe après le XVIIIe siècle. M. de Kaunitz était un encyclopédiste outré; Catherine II avait été l'amie, la protectrice de Diderot (1); à Berlin, les deux frères Lombard, réfugiés protestants à la suite de

_____

(1) L'impératrice lui confia l'éducation du Czarevitch.

l'édit de Nantes, gouvernaient le cabinet du Roi (1) ; il
y avait partout des mollesses d'esprit, des doutes de
l'âme ; l'Europe se coalisa maladroitement. On fut
surpris, émerveillé de cette grande et généreuse audace des armées françaises, de ces généraux de vingt
ans, Hoche, Pichegru, qui improvisaient la victoire
sous l'œil des représentants du peuple. La Révolution avait le courage de ses actes ; l'Europe n'avait
pas la conscience de ses périls.

Le ver rongeur dévora les racines du vieil arbre
européen sous lequel s'abritaient tant de droits, tant
de familles, tant de blasons ! Qui pourrait l'arracher
à cette œuvre de destruction ?

Les trois puissances, réunies à Varsovie, ont-elles
été en mesure d'aborder franchement la répression
des idées révolutionnaires ?

(1) Conjointement avec le comte de Haugwitz, ministre du cabinet, et la comtesse Lichtenau.

XI

La Russie, puissance militaire de premier ordre, n'a
jamais accepté franchement un rôle de coalition ; elle
aime à protéger, à diriger, à absorber, mais rarement
à marcher dans un rôle d'égalité avec d'autres puissances. Rien ne fut plus insupportable pour l'armée
autrichienne, en 1798, que le feld-maréchal Souvarow ; le plus beau jour du prince Charles fut de voir
renvoyer les Russes au plus tôt hors de l'Italie. En
1814 ; Schwartzemberg, commandait de nom l'armée
des alliés ; mais par le fait l'empereur Alexandre
dirigeait la marche politique des événements.

Si l'Autriche était tellement abattue qu'elle dût
recourir à la Russie pour la relever et la secourir

in extremis, le cabinet de Saint-Pétersbourg n'hési-
terait pas, mais une alliance sur le pied d'une parfaite égalité, dans un but commun, serait une œuvre
difficile, pour ne pas dire impossible ; la Russie veut
protéger, elle refuse de concourir.

La Russie, d'ailleurs, dans les questions de re-
pression anti-révolutionnaire, part d'un point de vue
particulier. Elle n'a ni les craintes, ni les préjugés
du cabinet de Vienne ; elle se croit hors du péril et
elle ménage beaucoup sa popularité. La Russie caresse tous les partis (1) ; elle prend plaisir à être aimée. Ses formes charmantes et coquettes ne heur-
tent rien ; elle aime qu'on la croie amie du progrès,
des lumières. Elle a de l'horreur pour cette espèce de
gendarmerie européenne qui réprime les manifestations libérales ; ces manifestations lui ont même ser-
vi quelquefois ; les troubles politiques lui ont donné
la Pologne ; l'insurrection de la Roumélie, de la Moldavie et de la Valachie, lui donnerait bien autre
chose qu'elle peut désirer (2) ; de sorte qu'il sera
fort difficile à l'Autriche de lui faire partager ses

(1) La Russie encouragea le parti libéral en France, jusqu'en 1830.

(2) C'est la Russie qui favorisa l'insurrection de la Grèce contre
les Turcs. (1775-1801 1824).

craintes de l'esprit de révolution. La Russie se dé-
rangerait avec peine de ses travaux d'usine et de chemins de fer, pour se mêler à une croisade spécula-
tive et de principe ; elle ne le ferait qu'à deux conditions : 1° dominer absolument l'Autriche, 2° obtenir
un avantage réel et sérieux.

La Prusse a dans sa constitution deux tendances
qui se neutralisent l'une par l'autre ; elle est à la
fois état militaire et constitutionnel. Comme état
militaire, elle a des velléités de force, d'énergie qui
la porteraient à intervenir incessamment dans les affaires de l'Europe ; comme état constitutionnel, elle
est arrêtée dans ses moindres démarches ; elle doit
tenir compte de la majorité libérale, elle a même du
respect pour la presse, pour les journaux, pour les universités philosophiques avec leurs tendances en faveur
de la jeune Allemagne. De là l'ambiguïté de ses notes
diplomatiques et de ses démarches. Comme État constitutionnel, elle tend une main à l'Angleterre, elle
étreint fraternellement lord John Russell, et lui promet de rester protestante et sage et d'acquérir le plus
d'influence possible en Allemagne aux dépens de
l'Autriche ; comme état militaire, elle parade devant
la Russie, elle montre ses régiments, ses beaux grenadiers de la garde royale ; elle promet son concours,

mais rarement elle le donne : en un mot la Prusse a l'épée au poing et un bonnet de docteur sur la tête.

Elle a surtout la volonté d'agir sur la diète de Francfort, sur ce corps lourd et inerte, qui laisse passer à travers sa vieille cotte de maille du moyen-âge, l'idée de l'unité Allemande, qui s'essayera après l'unité Italienne, si on laisse marcher les universités. La Diète délibère, quand il faudrait agir (1) ; elle fait de la petite police, quand il faudrait faire de la grande politique. Elle ressemble beaucoup à ces conseillers auliques des contes d'Hoffmann, en jabot de dentelles qu'ils craignent de froisser par le plus petit mouvement ! Pour réveiller la confédération, il faudrait un de ces grands coups de tonnerre : une insurrection pour l'unité Allemande, ou une menace d'invasion sur les bords du Rhin. Alors, armée de pied en cap, elle quitterait la vieille salle du couronnement des empereurs à Francfort où elle dort si profondément; elle paraîtrait dans la lice, mais semblable à ces *chevaliers de la mort* d'Albert Durer, on n'aurait qu'à la pousser pour lui faire me-

(1) Les formes de délibérations de la diète sont d'une lenteur désespérante pour la diplomatie active.

surer la terre, et sous l'armure, on ne trouverait plus qu'un squelette denudé.

Et cependant l'Allemagne est forte et robuste; noble pays, plein de sève, il est redoutable lorsque le vin chaleureux de Rudesheim lui porte à la tête. L'étudiant chante alors à pleins poumons le Rhin Allemand, qui a pourtant deux rives; l'une qui voit Strasbourg, l'autre Mayence. Où est le Rhin Allemand, où est le Rhin Français? La flèche élancée de la cathédrale de Strasbourg est aussi antique, aussi splendide que la tour inachevée de la cathédrale de Cologne où travaillent depuis quelques années une dizaine d'ouvriers, nonchalemment suspendus aux ogives.

On a si souvent parlé des impuissances de l'Autriche dans le cas d'une nouvelle guerre, qu'on est véritablement tombé à son égard dans les exagérations sur sa faiblesse relative. A entendre certains politiques, l'Autriche ne peut plus rien; elle n'a plus que des finances avariées et une armée sans force, sans unité, des provinces mécontentes, de manière que le cabinet de Vienne est descendu au rang des puissances de second ordre.

On a dit souvent cela de l'Autriche, et cependant l'histoire prouve que jamais puissance n'a déployé plus d'énergie et plus de ressources, surtout dans les crises les plus funestes. C'est même dans ces circonstances exceptionnelles et fatales que la maison d'Autriche développe des facultés extraordinaires.

Sans remonter aux jours de malheur sous Marie-Thérèse, à cette grandeur d'une lutte puissante contre la coalition, prenons l'Autriche depuis 1792, époque où l'Assemblée législative française lui déclara la guerre (1). Cette guerre, qui ne fut point heureuse pour elle, finit à *Campo Formio*. Le général Bonaparte victorieux lui céda la Vénétie et une fraction de l'Istrie.

L'Autriche, qu'on croyait fatiguée, épuisée par une guerre de six ans, reprend les armes en 1798; vaincue à Marengo, elle signe la paix à Lunéville.

Quelques années après, de concert avec la Russie (1804), elle reparaît sur le champ de bataille, par l'invasion de la Bavière; de nouveau vaincue à Ulm, à Austerlitz, la paix est signée à Vienne : elle abandonne la Vénétie et l'Istrie et une fraction du Tyrol donnée à la Bavière.

(1) C'est encore une idée historique qu'il faut rectifier : ce n'est pas l'Europe qui prit l'initiative de la guerre contre la Révolution; la France la première déclara la guerre. (Septembre 1792).

En 1809, à peine a-t-elle pansé ses plaies d'Austerlitz, qu'elle prend seule les armes contre le puissant Empire Français et la confédération du Rhin alors à sa suite. Les vieux soldats de la grande armée, qui ont survécu à la marche des âges, se rappellent avec quel courage, avec quelle énergie, on se battit à Essling, à Lobau, à Wagram. Après ce dernier échec, l'Autriche cherche un appui dans une alliance de famille avec Napoléon et renouvelle le traité de 1756 (1) l'œuvre du duc de Choiseul (2).

De 1812 à 1813, l'Autriche arme dans des proportions formidables. Cette puissance qu'on croyait, qu'on disait vaincue, affaiblie, ruinée; cette maison d'Autriche qu'on avait privée de l'Italie, de la Croatie, de l'Illyrie, du Tyrol, et condamnée à une contribution de guerre de 150 millions, reparaît au congrès de Prague (août 1813) comme médiatrice armée à la tête de 250,000 hommes. Le prince de Metternich saisit cette circonstance pour rendre à l'Autriche la direction morale de la coalition. Au congrès de Vienne, l'Autriche reprit d'un seul coup tout ce qu'elle avait perdu.

(1) *Garden*, IV, 18.
(2) La question du mariage avec une archiduchesse fut examinée dans un conseil privé.

Depuis cette époque, l'Autriche a subi bien des crises ; elle en subira peut-être encore : on dirait même qu'elle puise une nouvelle énergie dans les épreuves que Dieu lui envoie. Sa politique calme, persévérante, lui crée des forces particulières ; sur le champ de bataille, son armée est brave, unie, quoique composée de diverses nationalités. Le grand Frédéric exaltait l'artillerie bohémienne, le génie tyrolien, l'infanterie morave, la cavalerie styrienne, et hongroise ; les Croates sont une excellente infanterie de campagne. Écoutez nos soldats si nobles, si braves eux-mêmes, quels éloges ne font-ils pas de l'armée autrichienne ! Il faut avoir croisé le fer pour s'estimer et s'apprécier. Il n'y a que la politique bourgeoise qui n'estime pas un ennemi. De ce qu'on est patriote, justement fier de notre France, il ne faut être ni injuste, ni niais.

« Mais l'Autriche n'a pas de finances, le nerf de la guerre. » L'Autriche, en effet, n'a pas subi cette heureuse révolution unitaire et administrative qui fait la force de la France et les ressources de l'impôt. L'Autriche forme un faisceau de diverses provinces qui, chacune, ont leur système particulier de recrutement, de contributions, de redevances ; le cabinet de Vienne respecte ces priviléges, ces coutumes et les revenus en souffrent. Pour maintenir cette loi de respect, l'Autriche a été obligée de multiplier ses papiers d'État, sa dette publique, ses métalliques ; et cependant cet état des finances n'est pas tel qu'elle ne puisse contracter un ou plusieurs emprunt à 5 ou 6 p. 0⁄0. Elle s'en est même assurée sur les places d'Amsterdam, Hambourg, Bâle. L'Autriche a pour elle le dévouement de la maison Rothschild, plus fidèle qu'on ne croit aux souvenirs, à la reconnaissance ; c'est son honneur (1).

L'origine de la fortune des Rothschild se mêle aux plus mauvais jours de l'Allemagne. Cette maison a grandi sous l'aile de l'Autriche : le vieux prince de Metternich était leur plus fidèle ami ; la maison de Rothschild s'est toujours loyalement dévouée à la puissance qu'elle aimait. Dès 1811, on reprochait à Nathan Rothschild de jeter au hasard sa fortune, en aidant de ses ressources l'Angleterre qu'on disait alors menacée d'une banqueroute. « Eh bien ! répondit Nathan, si l'Angleterre périt dans une catastrophe, notre maison s'honorera de mourir avec l'Angleterre. » Les Rothschild aujourd'hui en di-

(1) La maison Rothschild, d'origine de Francfort, avait, dès 1813, une grande maison à Vienne, seule cité d'Allemagne où les Israélites, au reste, soient parfaitement traités.

raient certainement presqu'autant pour l'Autriche menacée.

Et puis, quand une guerre est utile, nationale,
qu'elle est faite pour venger un affront ou acquérir de
la gloire, il se produit un enthousiasme national,
qui crée des ressources extraordinaires. On marche
en avant avec la foi de sa cause ; jamais finances
plus mauvaises que celles de la République Française (en 1793-1797), et jamais pourtant il ne se fit
d'aussi grandes choses de guerre. L'Autriche a été
dans des positions plus délicates, elle en est toujours
sortie avec une fermeté qui fait son éloge.

«Mais alors, dit-on encore, elle avait les subsides
de l'Angleterre!» Voyons à fond cette question pour
examiner si ces subsides, en effet, ont été les seuls
éléments de sa force militaire.

L'Angleterre s'intéressa vivement à la cause de
Marie-Thérèse ; les ladies de la cour, la duchesse de
Marlborough en tête, lui envoyèrent leurs diamants.
L'impératrice-reine les refusa par une lettre admirable ; le parlement vota un million de livres sterlings
(25 millions). Certes ce ne fut pas ce subside qui fit
triompher Marie Thérèse !

En 1792 la guerre éclate entre l'Autriche et la
République Française. La cour de Vienne la fait

seule, sans subsides ; en 1795 seulement, elle reçoit 500,000 livres (12,500,000 francs).

En 1798, l'Autriche reçoit 3,000,000 livres. Ce n'est pas ce qui lui fit armer 150,000 hommes.

En 1805, 2,500,000 livres. Elle met en ligne 200,000 hommes.

En 1809, 4,000,000 livres. Elle met en ligne 400,000 hommes.

En 1813, 5,000,000 livres. Elle met en ligne 300,000 hommes (1).

Cet argent pouvait être un secours, une aide au crédit de l'Autriche, mais il n'était pas le ressort, le nerf absolu de la guerre! Il n'en était pas la cause déterminante dans la situation où se trouvait le cabinet de Vienne.

L'Angleterre aime à se vanter du concours pécuniaire qu'alors elle prêta à l'Europe. Il y a du vrai et du faux dans cette assertion.

D'abord l'Angleterre n'envoyait qu'une faible partie du subside en argent; elle expédiait des habits, des armes, de la poudre, les fourniments de toute espèce depuis les souliers jusqu'aux schakos. D'un autre côté, elle obtenait des traités de commerce, l'a-

(1) Comparez le comte de Garden, *Histoire des Traités*, et l'*Histoire Financière*, par Capefigue, t. III.

baissement des tarifs de douanes au profit de ses objets manufacturés, ce qui était fort onéreux pour les États. Enfin comment se procurait-elle les subsides qu'elle fournissait aux États Européens? par des négociations d'emprunts qui se plaçaient non-seulement à Londres, mais à Vienne, Saint-Pétersbourg, Trieste, Berlin, de sorte que le *crédit de l'Europe aidait l'Europe*; les choses marchaient si bien que le change sur Londres gagnait toujours; ce qui prouve qu'il ne sortait pas beaucoup argent de l'Angleterre (1).

La seule opération qui fût d'un grand secours à l'Europe se fit en 1813, lors de la coalition générale; l'Angleterre garantit les papiers d'État, émis par la Russie, la Prusse et l'Autriche. Les subsides anglais *aidèrent* mais ne *déterminèrent* pas la guerre à ce point qu'elle n'aurait pas pu se faire sans eux, comme on le répète aujourd'hui, avec une certaine ignorance des transactions politiques.

La guerre, quand elle est dans les esprits passe bientôt dans les intérêts; on se fait à une situation de guerre, comme à une situation de paix. N'avait-on pas dit qu'avec les complications financières créées

(1) La liv. sterl. se faisait à 25 francs, 25 30 et même 75 centimes à Paris, Berlin et Vienne de 1812 à 1814.

par l'immense quantité de valeurs mobilières, on ne ferait plus la guerre ; eh bien ! la guerre s'est faite et même fort courageusement sans ébranler ces intérêts. Si donc l'Autriche voyait ses intérêts engagés à la guerre, elle s'y déterminerait sans prendre garde à ses finances, question de détail , lorsque l'honneur et l'orgueil d'une nation sont en jeu.

XII

Dans la situation particulière que les derniers
événements ont faite à l'Autriche; elle avait deux
partis à prendre.

La guerre offensive, ou l'attitude purement défensive.

Pour le premier cas, les griefs et les motifs ne
manquaient pas : les archiducs d'Autriche chassés de
leurs fiefs hériditaires (1) ; l'invasion par une force
irrégulière des États Pontificaux et de Naples, la
présence de Hongrois, de Polonais organisés sous les
drapeaux du général Garibaldi ou du roi Victor-

(1) Garantis par les traités de Vienne (avril 1815).

Emmanuel, les agitations semées sur les frontières des États autrichiens, les menaces jetées à la Vénétie et les paroles mêmes de M. de Cavour.

Le succès des armées autrichiennes en lutte avec les seules troupes piémontaises ou les bandes d'aventureux ne pouvait être douteux aux yeux des hommes de guerre.

Mais cette attitude aggressive, quelque justifiée qu'elle pût être, couronnée même de grands succès, pouvait amener des résultats regrettables pour le maintient de la paix générale.

On sait quand une guerre commence : qui peut dire quand elle finira. On croyait à un seul adversaire, on pouvait en trouver plusieurs sur le champ de bataille.

Avant de prendre un parti, le cabinet de Vienne désira pressentir personnellement les deux cours de St-Pétersbourg et de Berlin. De là, ce rendez-vous pris entre souverains pour l'entrevue de Varsovie.

Cette entrevue n'a été qu'une espèce de réunion médicale pour rediger une consultation sur l'état de l'Europe, malade.

Elle a peut être été aussi une *démonstration* pour arrêter l'effet du mal et donner l'idée d'une entente cordiale entre les trois grands cabinets.

L'attitude défensive a été conseillée à l'Autriche, à moins d'événements imprévus qui la missent en péril, par la raison que voici :

L'Autriche y gagnait une situation intéressante ; elle ne prenait aucune résolution relative à la guerre ; elle ne troublait pas ainsi le monde ; sa force répressive lui restait intacte.

Les possessions, qui désormais pouvaient être envahies par les Italiens, tenaient essentiellement au système de l'Allemagne ; la Vénétie et le Tyrol, touchaient à l'organisation germanique. En cas d'attaque, la confédération prenait fait et cause pour l'Autriche, naturellement, sans démarches et sans coërcition.

Puis, l'effet naturel de l'attitude défensive, était de laisser l'Italie à elle-même, à ses propres efforts. Les révolutions jettent un feu vif, brûlant, elles peuvent susciter un moment l'enthousiasme. Ensuite vient le moment où ce feu s'appaise, les peuples comptent alors sérieusement, ils examinent les résultats obtenus, s'interrogent sur la réalisation des bienfaits promis. Si l'Autriche avait pris l'initiative de la guerre, un sentiment d'amour-propre et peut-être de nationalité eût réuni les peuples dans une même défense. Victorieuse, l'Autriche eut été considérée comme oppressive ; vaincue, les anathèmes l'eussent poursuivie pour avoir troublé intempestivement la paix de l'Europe. L'Italie au contraire a été livrée à elle-même en présence des difficultés d'une organisation générale, d'une lutte de partis ; elle aura tout le temps de voir, d'apprécier la somme de bonheur que la révolution lui a donnée. Elle suivra le géneral Garibaldi et M. de Cavour à l'œuvre, et peut-être M. Mazzini, pour couronnement de l'édifice, viendra un peu jeter le trouble dans la combinaison paisible et monarchique.

Comme *démonstration*, l'entrevue de Varsovie a manqué son effet. Nous vivons à une époque de publicité où l'opinion publique joue un grand rôle. Notre siècle est un temps de mise en scène ; et il faut bien reconnaître que la révolution est merveilleusement organisée pour s'agrandir et se propager à travers ses mirages. Voyez tout le bruit qui se fait autour de Victor-Emmanuel et de Garibaldi, on ne parle que d'eux et toujours d'eux : admettons que ce soient des caractères hors ligne, des hommes supérieurs, méritent-ils tous ces arcs de triomphes dressés sur leurs pas? Mais la révolution voit bien qu'il faut incessamment grandir ses héros et les événements jusqu'à vingt coudées, que c'est au moyen de cet éclat qu'on arrive à un triomphe possible.

A l'occasion de l'entrevue de Varsovie, on a été trop avare de publicité. C'était certes, dans la diplomatie, un sérieux événement que cette entrevue de trois souverains, dont les États forment les deux tiers de l'Europe. Un certain frisson avait même passé à travers tout le parti révolutionnaire; on parlait de démonstration armée, que sais-je encore : trois grands souverains ne pouvaient pas se déranger pour rien, surtout en présence d'événements d'une nature si grave, si sérieuse. On se rappelait les congrès de Toppau, de Laybach, de Vérone, qui furent presque tous suivis de protocoles, de mesures considérables, et surtout de ces déclarations de principes qui donnent aux âmes une certaine force, une direction. On voulait raffermir les bons, arrêter les méchants et dominer une fois encore le monde moral (1).

Rien de tout cela n'a été fait à Varsovie. On y a pour ainsi dire représenté le charmant acte du théâtre anglais : *beaucoup d'agitation pour peu d'effet.* » et encore quelle espèce d'agitation! Des chasses carlo-

(1) M. de Metternich excellait dans la rédaction de ces manifestes, toujours d'un style élégant et sérieux : à Vérone, il y eut des protocoles spécialement dirigés contre la Révolution.

vingiennes avec des chiens molosses dans d'impéné-
trables forêts, ou bien quelques banquets attristés
par de grands deuils et de justes douleurs (1).
Était-ce là l'effet qu'on attendait de l'entrevue de
Varsovie ?

Des protocoles ont été signés, c'est incontestable,
des points ont été arrêtés, nous n'en doutons pas ;
était-ce tout ce qu'on pouvait espérer, ce qu'on pouvait attendre d'une telle réunion au point de vue
de la publicité, de la proclamation des principes?
Quoi ! pas une déclaration, pas un manifeste d'empereurs et de rois, lorsque tant de droits, tant de souverainetés sont brisés, renversés. Est-ce que le vénérable Pontife qui défend avec tant d'énergie et de
vertus, les prérogatives du siège apostolique ne méritait pas au moins un témoignage de respect et
de haut intérêt! est-ce que la manière odieuse et
violente, dont la révolution s'est opérée en Sicile, à
Naples, ne méritait pas une flétrissure, de la part
des souverains réunis ? Ne fallait-il pas dire hautement que le droit des traités avait été violé à l'égard
du grand-duc de Toscane, de la duchesse de Parme,

---

(1) La mère de l'Empereur de Russie mourait d'épuisement, et
la jeune et généreuse impératrice d'Autriche était gravement affec-
tée d'une maladie de poitrine.

du duc de Modène? Ne fallait-il pas donner quelques nobles encouragements à ce jeune roi qui défend avec tant de courage à Gaëte les derniers fleurons de sa couronne?

Eh bien! pas une seule déclaration de principes n'a été faite à Varsovie, pas une parole consolante n'a été prononcée pour le droit antique! Le prestige des Congrès serait-il donc fini comme tant d'autres choses! C'était au vieux temps, d'immenses solennités que les Congrès, témoins ceux de Westphalie, de Munster, de Ryswick qui réglèrent les affaires de l'Europe pendant un demi-siècle. On en consultait les actes avec attention, on les étudiait, on les comparait; ils formaient le droit public des nations enseigné dans les chaires. La mémoire du docteur de Kock (1) est restée longtemps vénérée parmi les vieux diplomates.

Aujourd'hui on agit fort cavalièrement à l'égard des Congrès. Une réunion d'administrateurs d'une compagnie de chemins de fer ou de crédit mobilier intéresse davantage. Les résolutions adoptées dans ces réunions sont surtout plus fidèlement exécutées et les droits plus respectés. Nous avons eu des Con-

(1) M. de Kock était professeur de droit public à Strasbourg; il avait enseigné le Prince de Metternich, Rayneval père, etc. etc.

grès récents, qui en a tenu compte? Les feuilles des
protocoles arrêtés comme des actes publics, ont été
dispersées par un élément nouveau, l'esprit révolutionnaire : élément fort, hardi, sorte de reistre et
de lansquenet du xixᵉ siècle, qui entre tout armé
et déchire de ses éperons de fer les habits de soie
et d'or de la vieille diplomatie, brouille les cartes, et
les moustaches en crocs, la rapière au côté, joue
un jeu d'enfer, de manière à déranger tous les cal-
culs. Comme on n'a ni assez d'unité, ni assez de force
pour renvoyer le hardi cavalier, on s'accoutume à
traiter avec lui, et il fait violemment sa place.

Aussi les hommes d'État s'en vont comme les
dieux de la Rome antique. Un homme d'État dans
le sens de la vieille diplomatie était un esprit ferme
et sûr, qui avait conçu un plan politique pour son
pays. Toutes les forces de son âme, toutes les ressources de son esprit étaient appliquées à la réalisation de son idée. Sa gloire, son honneur était d'at-
tiendre ce grand but. Un esprit de cette trempe serait aujourd'hui fort déplacé ; il faut des hommes à
expédients, à temporisation, à transaction.

Cette absence de toute fermeté, de tout plan
arrêté donne un facile triomphe à la politique audacieuse. En d'autre temps, les notes de M. de Ca-

vour n'eussent pas été acceptées par les Cabinets ;
aujourd'hui on les lit, on en tient compte. Le prince
Gortschakoff s'en montre quelquefois le partisan, ou
au moins le modérateur.

Il y a chez le prince Gortschakoff, comme en général chez les Russes de grande origine nationale,
de la finesse et de la passion. A travers les formes
franches et militaires, le prince Gortschakoff garde
toujours son caractère habile, fin, délicieusement et
spirituellement rusé ; puis la passion revient quelquefois ardente, mobile. Le comte de Nesselrode,
avait passé sa vie à modérer l'empereur Nicolas,
souverain d'un autre âge, qui, par ses résolutions
soudaines, eut sans lui plus d'une fois troublé la
paix de l'Europe (1). Le rôle de M. de Nesselrode,
le prince Gortschakoff l'a pris dans un autre sens ;
car il a plus de passions, de préjugés, de préven-
tions, que son auguste souverain. Dans l'entrevue
de Varsovie, toute l'attention du prince Gortschakoff
a été d'annuller l'effet d'une résolution commune ; il
s'est trop souvenu de 1856. Il faut beaucoup oublier
en politique ! sans récriminer sur le passé, il faut
prendre les faits présents tels qu'ils se produisent.

(1) L'empereur Nicolas était un vrai chevalier du moyen-âge
dans ses premières impressions très-peu politiques.

Or, le droit public de l'Europe n'était-il pas
souffleté par la révolution? Garibaldi est dans son
rôle et il le joue admirablement cet aventureux, ce
mécréant de la légitimité et du droit, qui ressemble
à ces routiers, l'armet en tête, l'arquebuse sur l'é-
paule, tout entouré de portes-mèches et de gargous-
sière; il est franc lui, au moins; il dit hautement,
« je veux avoir la Vénétie, le Tyrol, j'ai une légion
hongroise, j'en prépare une polonaise.» Avec un mer-
veilleux sangfroid, Garibaldi marque ses dates, ses
étapes : « Au printemps, la Vénétie; à l'été la
Hongrie; l'hiver prochain la Pologne. » En présence
de ces faits, la patience de l'Europe est merveilleuse !

XIII

L'Europe compte, sans doute, sur les fautes, sur les ardeurs impétueuses, sur les divisions intestines de la révolution en Italie, pour amener la destruction d'une œuvre mal conçue, née vite, destinée à mourir plus vite encore, et ici elle pourrait avoir raison.

Des esprits très compétents s'imaginent que la révolution italienne se a finie, le jour où Victor-Emmanuel sera proclamé roi d'Italie, paisible possesseur d'un État constitutionnel. A notre sens, c'est ce jour-là que les difficultés commenceront, sérieuses, inextricables. Jusqu'ici la nécessité de combattre l'ennemi commun, et de vaincre avant tout, a réuni toutes les fractions du parti carbonaro italien; on s'est groupé, on s'est serré d'une main fiévreuse pour arriver au but national, au résultat désiré, au renversement enfin des antiques pouvoirs. Il s'est formé des fraternités de circonstance entre les vieux partis hostiles, afin de briser l'autorité qui les importunait.

En reconnaissant chez le roi Victor-Emmanuel, des facultés immenses, un esprit droit, une conscience juste et sans remords; pourra-t-il faire tout le bien qu'il désire, anéantir les jalousies locales pour créer un esprit national et profondément Italien?

Ce premier résultat obtenu, ce ne sera qu'une halte dans son œuvre : le lendemain du jour où il aura posé sur son front à la Monza la couronne de fer, l'Italie gémissante se lèvera et lui dira : « Je suis découronnée de Rome; Venise, brillante escarboucle, manque à l'écrin royal, et le Tyrol parle Italien : Alerte donc, roi galant homme, accomplis ta mission. » Si Victor-Emmanuel obéit à ces inspirations ce sera la guerre générale; s'il refuse d'entendre la voix plaintive, elle deviendra menacante et la popularité du roi d'Italie s'effacera comme une ombre !

Jusqu'à cette option décisive, le parti Mazinien se

fera sage : il appellera le roi Victor-Emmanuel des plus douces épithètes : c'est l'art infini de la révolution : quel nom ne donna-t-elle pas à Louis XVI, elle lui décerna le doux triomphe de Titus; elle l'appela bon, généreux, le fondateur de la liberté publique; nous avons eu aussi le roi citoyen : que sont devenus Louis XVI et Louis-Philippe? Tant qu'on sert les intérêts ou les passions d'un parti, il vous caresse et vous étreint de tendresse, sauf à vous étouffer un peu plus tard; quand la révolution vous redoute, elle vous appelle *tyran, roi bombardeur;* quand vous lui obéissez elle vous élève des statues.

Voici donc le roi Victor-Emmanuel roi d'Italie; il faut qu'il prépare *un statuto,* une constitution. Ici s'élèvera le premier débat. Les Mazinistes admettent bien une dictature violente, dans l'intérêt de leur parti qui confisque et fusille, mais accepteront-ils un roi constitutionnel, et dans cet État nouveau quelle place sera réservée au général Garibaldi? Nous avons chacun notre préoccupation, même *notre ridicule politique;* le marquis de Lafayette jouait au Washington (1) ; le général Garibaldi joue au Cincinnatus

(1) On sait combien M. de Lafayette fut importun au gouvernement de 1830 et 1831, et encore la *Société des droits de l'homme* le vouait au mépris et à la mort.

à la charrue. Il y a souvent beaucoup d'orgueil dans
ces affectations de désintéressement et d'abdication ;
le général Garibaldi sait très bien qu'il sera maître
de la situation quand il le voudra, il porte l'épée
de connétable de la révolution ; il la portera haut,
parce qu'il a le courage de sa position et qu'il est lo-
gique : il sait bien que s'il se donnait au roi Victor-
Emmanuel, corps et âme, son parti se séparerait de
lui et prendrait un autre chef ; et s'il reste, au contraire, à la tête de son parti, il pourra imposer ses
intérêts, ses idées et ses passions au roi. En révolution, il ne s'agit pas des petites bergeries de l'île
Caprera, de dessiner des allées, d'accepter de royales
galanteries, dignes de l'illustre maison de Savoie ;
les partis jouent peu aux églogues de Florian, à Es-
telle, à Némorin ; il faudra tôt ou tard compter avec
la terrible unité italienne.

« Ce parti Maziniste, dit-on encore, on pourra le
dompter : Guillaume III, en Angleterre, fonda un gouvernement sérieux sur les débris des puritains et des
jacobites. » Oui, mais à l'avénement de Guillaume III,
le parti des puritains et des têtes rondes n'était plus
que de l'histoire ; il était fatigué, détruit (1) ; les deux

(1) Les régicides et les chefs des têtes rondes étaient exilés.

règnes de Charles II et de Jacques II, avaient passé
sur eux, Guillaume III avait pour lui une fraction
de la haute aristocratie, et, ce qui est une force pas-
sive des plus puissantes, la fatigue des esprits, le
besoin de repos dans toute l'Angleterre.

En Italie, tout est jeune, passionné, fervent ; pour
les Mazinistes, Victor-Emmanuel est une épée, il
n'est pas une pensée ; quand on n'en aura plus besoin, cette épée glorieuse, on cherchera à la briser : « Le roi fera une constitution qui conciliera
tout ; » Sera-t-elle assez monarchique pour garantir
l'action libre de l'autorité et rassurer l'Europe ; alors
les Mazinistes, maîtres des chambres et de l'opinion
révolutionnaire chercheront à l'entraver, à la briser :
cette constitution se fera-t-elle dans le sens du Ma-
zinisme, alors que deviendra le pouvoir du roi ?
Victor-Emmanuel aura-t-il jamais le courage et la
force nécessaire pour traiter Mazzini et même Garibaldi en rebelles ? c'est pourtant là qu'il faudra en
venir si l'on veut justifier aux yeux de l'Europe, la
création d'un nouveau royaume d'Italie.

Nouvelle difficulté ! et quand ce royaume d'Italie
sera constitué, quelle capitale lui donnera-t-on ? Le
roi ne peut vouloir choisir Rome comme Garibaldi
et Mazzini l'ont proclamé : il a trop de sagesse pour

cela ; il s'y heurterait contre l'épée de la France ; il n'est pas non plus assez aventureux pour venir s'essayer seul contre les canons rayés du quadrilataire autrichien? Dans le choix d'une capitale, Victor-Emmanuel paraît au reste avoir une grande prédilection pour Naples.

Nulle cité plus enchanteresse, nul golfe plus splendide, nulles campagnes plus riantes et plus féconaes sous le soleil.

Pauvre et froid Turin, qui pourrait jamais te comparer à Naples ; tu fus le berceau de la maison de Savoie, mais tes princes t'abandonnent sans regret pour une cité qui n'a pas sa pareille au monde, et qui enchante comme la Circé des anciens.

Mais cette terre si belle est aussi bien agitée, le sol tremble souvent au bruit des révolutions et des changements de dynastie : ce n'est pas en vain que le Vésuve y répand ses laves enflammées.

Au XIe siècle, quarante chevaliers normands, partis des verts cottages de Bayeux, pèlerins, pour la Palestine, conquirent la Sicile après quelques glorieux coups de lance.

La famille des ducs d'Anjou règne sur Naples et sur Messine ; les peuples mécontents s'insurgent et les *vêpres siciliennes* sonnent leur glas funèbre.

La Sicile et Naples, passent alors sous la domination espagnole ; un vice-roi désigné par Charles-Quint, gouverne ces États qui se révoltent encore aux cris de *vive Mazaniello*, exalté comme un libérateur puis renversé comme un insensé, un sceptre de roseau à la main. Un Guise, poussé par le cardinal de Richelieu, espère un moment la couronne de Naples ; les révolutions succèdent à des révolutions : la branche cadette des Bourbons d'Espagne y fut diplomatiquement appelée, et lui rendit le repos.

Naples, avec ses joies, ses fêtes, ses processions, ses tarentelles, aime les coups de théâtre ; le sol y est toujours préparé aux crises les plus extraordinaires et surtout aux réactions.

On était en 1798, en pleine République parthénopéenne ; Naples avait ses tribuns, ses consuls, ses comices, le carnaval même avait pris un caractère républicain, et polichinelle coiffait le bonnet rouge. Tout-à-coup et sur une simple proclamation de la reine Caroline et de l'amiral Nelson (1), la statue de la République est brisée ; Naples est livrée aux violences affreuses des Lazzaroni qui se baignent dans le

(1) La conduite de l'amiral Nelson fut inflexible : l'héroïque marin était alors sous l'influence de la belle lady Hamilton, l'amie de la reine Caroline.

sang. Voilà Naples; les flots y poussent un homme au pouvoir, le peuple le revêt de la pourpre, le flot le reprend et le laisse sur le rivage.

La maison de Bourbon, restaurée en 1814, avait maintenu l ordre, donné une grande prospérité commerciale à Naples, à la Sicile : quelles causes ont détruit sa juste popularité? Il y eut toujours tant de haines révolutionnaires soulevées contre tout ce qui porte le nom de Bourbon !

Les dynasties s'effacent, les familles princières se modifient, elles sont jugées par l'histoire. Mais ce qui ne s'est jamais vu, ce qui peut exciter l'étonnement et la pitié à la fois, c'est la haine profonde, implacable, qu'un parti semble avoir voué à la maison de Bourbon !

En Angleterre, les Stuarts ont cesser de régner ; ils sont tombés devant des nécessités politiques ; et cependant une aréole de respect entoure leur mémoire ; Wighs et Torys, aiment le souvenir des Stuarts ; la poésie les chante en vers harmonieux. Il n'est pas de voyageur anglais, même radical qui ne visite à Rome le tombeau du dernier des Stuarts' Alfiéri, tout républicain qu'il fut, et le divin Canova ont immortalisé les derniers vestiges des Stuarts ; et encore aujourd'hui, plus d'un pèlerinage de jeunes ladies se dirige vers Saint-Germain, devant la tombe de Jacques II (1).

D'où vient donc cette haine vivace, méchante pour la maison de Bourbon, pour cette illustre famille qui nous entoure encore de ses grandeurs, de ses monuments, de la gloire de ses souvenirs, et qui a fait la France territoriale? elle vient de nos habitudes révolutionnaires, de ce que nous avons fait aux Bourbons tout le mal possible; et c'est un triste côté du cœur humain, on pardonne plutôt le mal qu'on reçoit que le mal qu'on a fait. Nous sommes habitués aux épithètes inventées par Marat et Camille Desmoulins. L'injure d'*El re bombardo* appartient à la même école que *Madame Veto* ou *l'Autrichienne* appliquée à Marie-Antoinette. La fatalité antique pèse sur la maison de Bourbon ; notre société ne comprend plus les mœurs, les habitudes chevaleresques; forte et ardente, elle s'agite sous les flots de la démocratie: Jamais la maison de Bourbon ne serait assez puissante, assez énergique pour contenir et réprimer la société telle que la révolution l'a faite? Chaque époque a ses pouvoirs. De là les changements de dynasties!

(1) Ce fut un des premiers devoirs de la reine Victoria, lors de son voyage à Paris : le tombeau est simple, placé dans un coin de l'église.

XIV

Aucune période dans l'histoire n'a présenté le spectacle d'une accumulation si rapide de souverainetés détruites dans un espace de temps si resseré : les grands-ducs de Toscane qui représentent la maison de Lorraine, et sont alliés à la Bavière; le duc de Modène, qui par les femmes descend de la maison d'Este ; madame la duchesse de Parme qui appartient aux Bourbons de France et d'Espagne ; le roi de Naples, chef d'une des branches cadettes de cette maison ; toutes ces souverainetés ont été brisées en moins de six mois !

Il est impossible de croire que ces nobles princes

aient renoncé à toute prétention et qu'ils ne gardent pas dans leur esprit une idée de retour ; ils ont dû laisser des partisans, des souvenirs, des dévouements qui attendent leur heure.

Il n'est pas non plus dans l'ordre des idées que les maisons souveraines régnantes en Europe, alliées à ces princes dechus, ne conservent pas l'espoir de les replacer sur le trône qu'ils n'ont pas volontairement abdiqué : c'est si naturel, si légitime (1) !

De là résulteraient pour le nouveau royaume d'Italie, deux causes de perturbation permanentes, la crainte d'agitation intérieure et tôt ou tard d'une guerre étrangère.

Le royaume d'Italie, cousu de pièces et de morceau, sera-t-il assez fort et assez uni ponr résister à ce double danger? « On verrait plutôt, comme aime à le répéter un grand artiste, Colombine épouser Cassandre et détester Arlequin que de voir le Florentin obéir au Piémontais. » Oui, quand vous voulez connaître l'Italie, ne négligez pas d'étudier le théâtre italien; voyez si Polichinelle, gourmand et sensuel, peut s'entendre avec Arlequin charmant et déluré,

____

(1) Spécialement l'Espagne, pour le royaume de Naples et le duché de Parme, qui touchent a la maison régnante et à son influence en Italie.

voyez si le ridicule Docteur, peut avoir la paix en sa maison ; or tous ces personnages qui se disputent, se trompent, se battent, c'est un peu l'image de l'Italie.

On pourra dire : » Vaine crainte que cela, l'Autriche par le traité de *Campo Formio* a bien hérité de la Vénétie, est-ce qu'il y a eu jamais réclamation de la part de la sérénisime République? » Le gouvernement de Venise, quand il fut renversé par le général Bonaparte victorieux, n'existait plus que de nom (1). C'était un corps mort, inerte, ses sénateurs, ses doges, son conseil des dix, n'étaient plus que des ombres dans le passé ; le pont des Soupirs, les plombs, la bouche de fer du palais ducal, n'étaient que les décors d'un vieux mélodrame. Il en fut de Venise comme de l'ordre de Malte : l'Angleterre, n'a jamais été sérieusement inquiétée par les velléités d'un retour des grands maîtres et des chevaliers de Saint-Jean de Jérusalem (2) : on joue bien encore aujourd'hui aux rubans noirs de l'ordre de Malte par prospectus et brevet ; mais le grand ordre est bien mort ; rien ne pourrait le ré-

---

(1) Voir Cte. de Garden : *Hist. des Traités de Paix*, 3.

(2) L'ordre avait fini d'une manière assez honteuse ; plus d'un commandeur s'était donné ou vendu au Directoire et à Barras.

veiller de la tombe, où ses derniers chevaliers sont ensevelis !

Il n'en est pas ainsi de ces souverainetés de l'Italie tombées sous un coup de main audacieux, et naguère pleines de vie : on peut dire à ces princes « vous ne régnerez plus » ; mais on ne peut pas leur arracher du fond du cœur le désir, l'espérance, la volonté de recouvrer le pouvoir. Ce seront toujours des prétendants qui attendront une occasion favorable ; or, les prétendants sont un incessant objet de troubles et d'inquiétudes pour les gouvernements même les mieux établis, à plus forte raison pour le bien fragile royaume d'Italie.

Tant qu'il y aura des Toscans, les nobles descendants des grands-ducs conserveront le légitime espoir de les gouverner : tant qu'il y aura des Napolitains, malgré toutes les annexions, le roi de Naples aura des chances de retour.

Si donc on juge impossible le système des restaurations, (ce qui est douteux), le seul moyen d'éviter l'espoir du retour, c'est d'appliquer l'idée juste et pratique des indemnités.

Ce système est fort ancien dans le droit diplomatique ; il est très naturel que le prince dépouillé pour cause politique trouve comme le propriétaire une légitime indemnité.

Cette indemnité peut être de deux natures : ou pécuniaire ou territoriale : l'Angleterre, pays essentiellement d'affaires et d'argent, aime et applique volontiers le système d'indemnité pécuniaire; elle a pris cette habitude avec les nababs de l'Inde ; elle achète leur territoire, leur fait une pension, leur laisse leur palais, leur sérail, leurs eunuques, leurs esclaves ; l'Angleterre reste maîtresse du pouvoir réel, la seule chose qui l'intéresse et la préoccupe.

Il est rare de voir cette sorte d'indemnité acceptée par les princes d'Europe, parce que sur leur esprit et sur leur âme, l'honneur est plus puissant que l'argent. (1).

L'indemnité territoriale est presqu'un échange sur le pied de l'égalité : Charles VI donna la Sardaigne au Piémont en échange de la Sicile ; Stanislas, roi de Pologne, céda son royaume électif pour le duché de Lorraine, et les ducs de Lorraine à leur tour reçurent pour indemnité la Toscane. Par le traité de Vienne (1805), les grands-ducs de Toscane, obligés de céder ce grand duché à la princesse

(1) Ainsi est-il peu probable que le cabinet de Vienne accepte jamais l'idée de céder la Vénétie pour une indemnité pécuniaire.

Éliza, reçurent en indemnité le grand-duché de Wurtzbourg.

Ce système serait le seul qui pourrait consolider le nouveau royaume d'Italie, si l'on accomplissait cette œuvre difficile, sinon impossible. Ce serait même le seul moyen d'éviter une guerre, sinon immédiate au moins d'avenir.

Cette guerre est dans les faits, dans la situation, dans les esprits. Elle n'est pas seulement pressentie par les armements de l'Autriche; elle est même dans l'attitude prise par la révolution qui s'exprime si haut : on en est aux menaces que se jettent les héros d'Homère avant le combat. La lutte est inévitable; elle aura lieu, au printemps, à l'été, on ne peut dire quand, mais elle aura lieu, parce qu'elle est dans la force des choses; une étincelle peut l'allumer. Les congrès seront impuissants tant que la question ne sera pas agrandie par la répartition des indemnités.

Ces indemnités où les chercher? L'Europe est aujourd'hui tellement serrée, tellement organisée qu'il n'y a plus de place pour les échanges de territoire, pour les remaniements de la carte, pour un congrès qui comme celui de Vienne, dépécerait, fractionnerait les territoires. La carte de l'Europe ne pourrait être aujourd'hui remaniée qu'après une série de guerres sanglantes.

Et cependant cette carte est mal faite à certain point de vue : Depuis trente ans, elle a éprouvé des modifications plus ou moins profondes (1) ; d'autres sont encore désirées par des peuples assez forts pour déchirer l'œuvre du congrès de Vienne.

N'y a-t-il aucun remède à cette situation très-tendue, assez visible à tous pour que des espérances éclatent, des rebellions soient encouragées et des révolutions attendues ; Dieu abandonne-t-il jamais les sociétés à ce point de ne pas placer le remède auprès du mal. L'homme d'État ne doit pas avoir des vertiges d'esprit et des faiblesses de cœur : mais il doit envisager de haut l'ensemble d'une situation. Il ne voit pas les questions au jour le jour : devant lui s'ouvre l'avenir.

(1) En ce qui touche la Belgique, la Pologne, Cracovie, etc.

XV

Il y a bien longtemps déjà (c'était en 1808) M. de Bonald rendant compte dans *le Journal des Débats*, *de l'Itinéraire de Paris à Jérusalem* de M. de Châteaubriand, émettait cette grande pensée : « *Les Turcs sont campés en Europe.* » L'empereur Napoléon fut frappé de cette image et il la répéta à l'empereur Alexandre dans la solennelle entrevue d'Erfurt (1).

Ce campement eut sa raison d'être, tant que la race turque, énergique et puissante domina, par la force : descendues des plateaux de l'Asie, ces hordes, d'un courage indomptable soumirent tout à leurs

---

(1) Cette entrevue présenta une suite de plans et de conversation imagés. Voir *Garden*, III.

lois ; leurs grands visirs étaient des généraux d'une
capacité incontestable, leurs capitan-pachas des ma-
rins résolus ; leurs armées menaçaient Vienne ,
leurs flottes dominaient sur la Méditerranée; on
parlait du courage de leurs janissaires, de leur cavalerie de spahis. On pardonnait au despotisme à
cause de sa force, de son courage et même du fanatisme de ses pensées.

Depuis, cette race puissante est bien dégénérée ;
elle a cru se sauver par des réformes, elle s'est de
plus en plus affaiblie. Il y a des choses qui meurent,
et ne se réforment jamais ; l'Islamisme ne peut
se transformer. Il fait pitié de voir aujourd'hui la
race turque en Europe; la force est disparue, il
n'est plus resté qu'un levain de fanatisme et les vi-
ces énervants du sérail. Voyez ce sultan aux traits
pâles, à l'œil beau, intelligent mais affaibli par la vie
sensuelle; la riche aigrette qui surmonte son turban,
les riches colliers qui parent son cou le font ressem-
bler à une de ces idoles asiatiques placées dans les
pagodes de l'Indoustan.

L'Empire turc tombe en poussière; il ne peut plus
rien pour la conquête, rien pour le crédit, rien pour
la diplomatie; son alliance est un embarras, son
concours une faiblesse de plus pour les puissances;

il a même perdu son autorité sur ses propres fonctionnaires.

Des fragments considérables se sont détachés de cet Empire en ruine depuis 1825. La Grèce s'est constituée en royaume ; l'Algérie jusqu'à la régence de Tunis ne lui rend plus aucun hommage, pas même celui du vieux faucon blanc, privilége féodal. L'Égypte est tout à fait indépendante ; et si, en 1837 et 1838, on avait laissé marcher l'armée du pacha, elle aurait renversé la frêle autorité du Sultan (1). La Moldavie, la Valachie obéissent à des hospodars plus européens que turcs, fort amateurs des arts et de la civilisation française. La Servie fermente et se détachera bientôt d'elle-même de l'empire Turc , si l'Europe n'y met obstacle.

Telle est la domination ottomane, et cependant elle possède encore les terres les plus splendides, des provinces entières qui ne demandent que des bras et une volonté pour devenir les greniers de l'Occident : céréales, vins, cotons, laines, tout serait recueilli avec abondance si l'on donnait à ces populations un bon gouvernement ; les Turcs ne forment

---

(1) La guerre générale fut alors prête à éclater. Le maréchal Soult, président du conseil, ministre des affaires étrangères, corrigea quelques fausses démarches de M. Thiers.

qu'une couche superposée sur un peuple chrétien.
Le jour où l'Europe le voudra, les Turcs disparaî-
tront de ce que M. de Bonald a appelé leur campement ; ce que le cimeterre leur a donné, la faiblesse
le leur fera perdre. Leur situation a changé depuis le
XVI⁰ siècle ; ce ne sont plus aujourd'hui que les Turcs
des tragédies de Voltaire, ou bien encore ces pauvres
mannequins des foires, vêtus de dolmans que l'on
peut abattre à coups d'innocentes carabines.

Il est pourtant une portion de la population mu-
sulmane qui, à travers ses faiblesses, a conservé
toute la férocité des vieux temps ; celle-là assassine
les chrétiens, brûle les cités, mène les vierges en
captivité pour les vendre dans les bazars. Une si
abominable insurrection, le gouvernement, quelque
bien intentionné qu'il soit, (la Porte-Ottomane, au-
trefois si formidable, si obéie) ne peut pas la réprimer ; ses soldats pactisent avec les rebelles ; et il
n'y a rien d'étrange, rien d'extraordinaire dans
ce fait ; les Druses sont dans l'esprit de l'islamisme ;
c'est la Porte qui n'y est plus.

Une telle situation est aussi menaçante pour les
populations chrétiennes de la Turquie d'Europe, que
pour la population chrétienne d'Asie ; naguère même
Constantinople a été dans la plus terrible angoisse ;

la présence des flottes européennes a pu seule contenir le fanatisme musulman.

Il y aurait donc très-sérieusement à examiner si la domination d la race turque en Europe n'est pas une anomalie à notre époque, si elle n'est pas un outrage à l'humanité, aux principes réguliers des gouvernements : les Turcs étaient campés par la force des armes, cette force cessant, et n'y a plus de légitimité dans leur possession.

Vous, qui prenez un si grand et si juste intérêt à la nationalité italienne, vous qui vous imposez tant de sacrifices pour la délivrer de la domination autrichienne, ne croyez-vous pas que la nationalité hellénique mérite autant d'intérêt ! Là aussi sont de beaux souvenirs classiques, des grandeurs à peine effacées ! Il y a même un gouvernement grec qui a parfaitement réussi à Athènes, comme pour vous prouver que cette nationalité peut renaître et se régir elle-même !

Vous feriez-vous un scrupule pour le partage de la Turquie européenne, vous qui avez partagé la Pologne pour des motifs bien moins graves et qui êtes prêts à soutenir cet acte par les armes?

Une sérieuse objection est faite : « la Turquie est nécessaire à l'équilibre européen : en brisant cette grande domination vous donnez Constantinople à la Russie. »

D'abord est-il bien nécessaire de donner Constantinople à la Russie, et le gouvernement russe, qui a son siége à Saint-Pétersbourg, peut-il même très-sérieusement désirer Constantinople ! Question fort grave : ne serait-ce pas une transformation qui pourrait affaiblir l'unité nationale de la Russie.

Puisqu'il existe un gouvernement grec, un royaume hellénique dont le siége est à Athènes, ne serait-il pas facile de l'agrandir en lui donnant pour capitale Constantinople, séjour du Patriarche où s'élève Sainte-Sophie, la basilique de Constantin. Il serait beau de voir la nation grecque relever la croix sur cette capitale, dont la conquête l'a dépossédée depuis 1480; pour cela, il suffit que l'Europe ne soutienne plus par son argent, par son concours, le fantôme que l'on appelle encore l'empire turc.

On nous objectera : « Cet empire grec que vous voulez créer ne sera qu'une succursale de l'église russe, qu'une dépendance, une vassalité des czars. » On disait la même chose, quand le traité du mois de janvier 1825 établit le petit royaume grec à Athènes : et l'expérience a prouvé, selon nous, que les deux cabinets de Londres et de Paris sont aussi influents à Athènes que celui de Pétersbourg, et qu'ils y exercent un ascendant diplomatique peut-être plus considérable (1).

« Vous créez des utopies, dira-t-on enfin ; jamais la Russie ne consentira à un partage de la Turquie d'Europe, sans obtenir Constantinople comme compensation ; c'est le complément de ses possessions de la mer Noire. »

Nous ne savons si la Russie aujourd'hui, comme sous le règne de Catherine II (2), désire passionnément Constantinople ; mais je dis que ce serait un bien mauvais jour pour l'unité russe que celui où Constantinople deviendrait une de ses capitales. Ce serait la décadence de Pétersbourg : qui habiterait encore cette splendide ville de glace, lorsque le czar aurait Constantinople placé sous le Bosphore dans la plus belle situation du monde ? Pétersbourg subirait la même révolution que Rome, quand Constantin établit le siége de son gouvernement à Bysance ; Rome, alors abandonné pour Constantinople, ne fut plus qu'un souvenir et des ruines.

(1) La France, surtout à Athènes, exerce une action politique et scientifique.
(2) Voyez les mémoires et les dépêches de M. de Ségur.

Il se forma deux empires : celui d'Orient et celui d'Occident, bientôt divisés; il y eut deux Césars, deux sénats. Tel serait nécessairement le sort de la Russie, si elle réalisait le rêve de Catherine II, qui pouvait convenir au xviiie siècle, et ne serait plus aujourd'hui qu'une transformation fort périlleuse pour l'empire Russe. Les temps se suivent et ne se ressemblent pas.

Une grande erreur serait de croire que la nation russe, grecque de religion, l'est aussi d'origine; elle descend de ces Warenges qui protégèrent l'empire Byzantin et de la race slave qui, souvent, le menaça ; les Russes reçurent les lumières de la civilisation et du christianisme des Byzantins, mais ils ne sont pas Bysantins (1) : et ce serait une question religieuse très grave, au cas de la conquête de Constantinople, que de definir exactement la supériorité métropolitaine entre Constantinople, Moscou, Kiew, les vieilles villes russes.

Si l'on faisait de Constantinople la capitale de l'empire grec, au contraire, on pourrait la déclarer port neutre, franc et impérial; on pourrait démolir toutes ces batteries du Bosphore, qui n'auraient pas

(1) Sous les patriarches Photius et Ignace ; Rurick fut le premier Empereur chrétien.

besoin d'être gardées plus que le Sund et le détroit de Gibraltar : on pourrait réaliser le système de Selden : *la mer libre*. La protection du Bosphore a coûté plus de sang, occasionné plus de guerres que toute autre question du monde? D'ailleurs, si le vaste projet du percement de l'isthme de Suez se réalise, Constantinople aura-t-il la même importance? Alexandrie sera appelée à lui succéder; Alexandrie, la ville si grande sous les Ptolémées, sera en face de Marseille, sa sœur antique sous les Césars ! Contantinople, cité impériale, ne sera plus que le dépôt du commerce de la mer Noire, des céréales et des laines d'Odessa, de Tangarok : la question de Sébastopol ne se reproduira plus glorieuse et sanglante !

XVI

L'expulsion de la race turque, de ses possessions d'Europe, laisserait à la disposition d'un partage (d'après la statistique et pour nous servir des expressions du congrès de Vienne), 2,100 lieues carrés de territoire et une population de 18 millions d'âmes.

Nous ne ferons pas la géographie de l'empire ottoman, pour constater les richesses, la splendeur du territoire de la Turquie d'Europe. « La nature a tout fait dans ce pays, dit M. de Chateaubriand, et le gouvernement a tout gâté.

Nous disons qu'un congrés (alors sérieux), ayant à sa disposition un si vaste territoire à répartir, pourrait remanier la carte de l'Europe, et donner satis-

faction à tous les intérêts. Croit-on, par exemple,
que l'Autriche ne renoncerait pas définitivement à
l'Italie, à la Vénétie, et qu'elle ne cèderait pas le
Tyrol à la Bavière, et la Bohême à la Prusse, si on
lui donnait la Bosnie, la Servie, et pour compléter
son système maritime, si on lui cédait la Macé-
doine (1) avec Salonique (la splendide Thessaloni-
que), et la Thessalie avec Janina, ce qui arrondi-
rait sa sphère commerciale et militaire ?

Et d'un autre côté la Bavière et la Prusse satisfaites
par le Tyrol et la Bohême avec Prague, ce qui était
l'ambition du grand Frédéric, le lieu et l'occasion
de tant de batailles, ne cèderaient-elles pas à la
France la ligne du Rhin, que M. de Metternich avait
proclamé dans sa note à M. de Saint-Aignan, la
frontière naturelle? Et cette cession se ferait sans
combattre, sans effort, par un traité naturel!

Une fois l'Autriche poussée au midi, elle cesserait
tout à fait d'être puissance allemande, d'être rivale
de la Prusse : le cabinet de Berlin pourrait réaliser sa
pensée d'une nationalité et même d'un empire Allemand, ce qui est encore un des vœux sérieux de la

_____

(1) Les Turcs l'appellent Mackdonia, le grand marché est la ville
de Seres. Dans la Thessalie se trouve Larisse, la patrie d'Achille ;
les Turcs l'appellent Jenhi cheir. C'est la terre des souvenirs d'Homère.

Germanie et de la génération ardente des universités.

La Russie, de son côté, recevant en son lot, la
Moldavie, la Valachie qu'elle a toujours tant désirées,
une fraction de la Roumélie jusqu'aux frontières du
nouvel empire grec, pourrait en échange reconsti-
tuer la nationalité polonaise qui n'est pas morte,
bien qu'elle dévore ses douleurs.

Ainsi seraient résolues les grandes difficultés de
la situation de l'Europe :

L'Italie serait libre ;

L'Allemagne une et grande ;

La Pologne indépendante ;

Et la France reprendrait ses frontières naturelles. Tout cela sans guerre et par une de ces
grandes transactions qui comptent dans l'histoire,
comme les congrès de Munster, de Westphalie et de
Vienne.

Les petits princes, dépossédés dans le dernier
mouvement de l'Italie, trouveraient des indemnités
dans les terres restées libres et éparpillées sur ce
vaste sol : un prince bavarois règne en Grèce ;
pourquoi ne trouverait-on pas des Principautés
pour le duc de Modène et le grand-duc de Tos-

cane (1)? Je ne parle pas du roi de Naples et de Sicile; je ne crois pas que Naples et la Sicile puissent rentrer définitivement dans le système d'unité italienne. Ce ne serait pas la première fois qu'on aurait vu des princes de la race germanique ou franque régner en Orient, dans les îles de Chypre, en Morée, à Trébisonde; et ici se présentent dans l'histoire les beaux noms des Lusignan, de Couci, de Montmorency, les illustres races.

L'Angleterre, qui a déjà Malte, les îles Ioniennes, trouverait elle-même ses indemnités en Égypte : Chypre et la Sicile n'échapperaient pas à son influence commerciale.

Ce que j'établis ici est une solution possible : il y aura état de malaise et de convulsion, tant que la question européenne ne sera pas largement résolue; vous finirez cette année l'Italie; supposonsle, espérons-le; l'année suivante il faudra commencer l'Allemagne, puis la Pologne, et enfin, croyez-vous que la noble France sera satisfaite tant qu'elle n'aura pas ses frontières naturelles, les rives du Rhin, origine des rois francs, ces villes toutes

(1) Les ducs de Toscane étaient auparavant ducs de Lorraine; et Stanislas de Lorraine avait été roi de Pologne.

pleines des souvenirs de Charlemagne, Aix-la-Chapelle où il dort dans son tombeau !

Dans la situation actuelle on ne peut répondre de
rien, parce que la paix ou la guerre dépendent d'une
chance, du hasard ; et ce qu'il y a de plus triste, la
paix dix fois signée, la guerre dix fois rallumée, ne
produiront rien de définitif.

Vous réunirez des congrès, ils resteront stériles,
parce qu'ils n'oseront que des palliatifs sans résou-
dre la question vitale d'un remaniement de la carte
de l'Europe par l'expulsion des Turcs définitive et
sans retour.

Quel intérêt sympathique la Porte-Ottomane
peut-elle inspirer ? La parade qui se joue au sérail
peut-elle longtemps intéresser l'Europe? Des sul-
tanes dépouillées de leurs atours, donnés en gage à
des juifs, des monnaies sans valeur, des emprunts
spirituellement prospecturés, une vie d'expédients,
un despotisme sans force, ne se protégeant pas lui-
même ; est-ce là un gouvernement?

On ne saurait trop le répéter, après toutes les
puissantes révolutions qui ont agité le monde, il faut
des distractions aux peuples, la conquête, la coloni-
sation : après la réformation de Luther, de Calvin et
après les révolutions de l'Angleterre, les colonies

d'Amérique se peuplèrent d'une race d'aventureux;
aujourd'hui, ouvrez des voies nouvelles à l'imagination, au commerce, à l'industrie, arrachez à la paresse honteuse et despotique des Ottomans, des terres fécondes qui seront livrées à la culture de colons
vigoureux.

Voyez quel beau spectacle pour une génération
avide de grandes choses : l'empire grec rétabli avec
Constantinople pour capitale et sainte Sophie pour
métropole; l'Allemagne et l'Italie rendues à leur
unité, la Pologne libre; la Russie en possession des
provinces danubiennes et de la Roumélie; l'Autriche
devenant un empire adriatique et maritime; la Prusse
pouvant réaliser son idée de la nationalité allemande;
et notre France glorieusement assise entre ses frontières naturelles, étendant sa main sur le canal de
Suez, liant ses possessions d'Afrique à l'Égypte.

L'Angleterre seule prendrait-elle parti pour ce ca-
davre qu'on appelle l'empire turc? Nous ne le pen-
sons pas; elle n'est pas dans l'habitude de défendre
les choses qui tombent. Dans ses jours d'abandon et
de gaîté humoristique, lorsque lord Palmerston en
dehors du pouvoir, voyageait en Italie avec son ami
lord Normanby (1), on l'entendit dire un soir avec

(1) En 1846 et 1847.

son langage imagé et littéraire, ces paroles qui sont
restées dans la mémoire : « Il y a deux choses qui sont
condamnées invariablement à être avalées : les huî-
tres fraîches et l'empire turc. » La phrase est trop
spirituelle pour que lord Palmerston même ministre
puisse la désavouer *au foreign office* (1).

(1) Dans un après-souper, à Florence, si le noble lord a bonne
mémoire.

XVII

Les idées que nous venons d'exposer sont peut-
être trop avancées, trop pleines de changement et
d'avenir pour le tempéramment des hommes d'État
qui n'aiment que la réalisation des faits accomplis
et la solution des difficultés immédiates. Rentrons
donc dans cet ordre d'idées.

Pour la majorité des esprits, le royaume d'Italie
est un fait accompli ; le Parlement réuni à Turin,
va proclamer Victor-Emmanuel *Rex Italiæ*. On pourrait se demander d'abord, en vertu de quel droit
un Parlement italien va se réunir à Turin sous la
ferule de M. de Cavour : ne faudrait-il pas, pour
un si grand acte, choisir Florence, Milan, centre de

l'Italie, et composer un Parlement général, composé de membres librement élus. Ceci est une petite difficulté : passons.

Voilà donc un royaume improvisé; il lui faut maintenant les finances : ferez-vous supporter à toute l'Italie la dette piémontaise qui est déjà accablante? Naples avait un des meilleurs crédits du monde; il le perdra au jour de sa fusion. La Toscane, Modène, Parme, étaient presque sans dettes; la Lombardie est plus obérée : fondrez-vous tout cela pour ne faire qu'une dette unique? le Piémont, certes, n'y perdra pas; mais ce sera le seul État qui puisse gagner à la fusion financière.

Il faudra procéder immédiatement à un emprunt : à quelle condition se fera-t-il? Le royaume d'Italie sera-t-il placé dans l'échelle du vrai crédit comme un vieil État constitué : à un emprunt il faut l'assurance d'un intérêt régulièrement payé, on devra lever un tiers de plus sur l'impôt. Aura-t-on le même système d'impôt à Turin, à Naples, à Florence, à Milan qu'à Naples?

On a parlé d'une armée italienne de 300,000 hommes : c'est beau vraiment; mais il faudra l'entretenir; pourra-t-on donner aux divers corps qui formeront cette armée le même esprit, la même va-

leur, la même discipline? Ce n'est pas pour la première fois que l'Italie vit se former une Ligue armée :
au XIVᵉ siècle, contre les Césars allemands ; au
XVIᵉ contre les Français de Charles VIII et de
Louis XII. L'histoire dit ce que devint l'armée de
la Ligue italienne.

Voici maintenant la question de territoire : nous
avons foi dans la très-grande sagesse et l'esprit du roi
Victor-Emmanuel : si l'on suivait son avis, son im-
pulsion, il resterait, certe, dans les limites que l'Insurrection et la victoire lui ont données ; mais cette
même sagesse ne se rencontrera pas dans l'opinion
dominante du Parlement Italien qu'il convoquera ;
l'armée de 300,000 hommes a évidemment un but,
se propose un objet de gloire, de conquête : Venise !
Venise !

Le nouveau royaume d'Italie sera donc engagé
dans une guerre qu'il aura lui-même provoquée ; à
lui donc la responsabilité : il peut avoir la victoire
(et quel est le noble cœur qui ne la lui souhaite) ;
mais s'il éprouve des revers, tout sera mis en question. Il est permis à l'Autriche d'user de représailles ;
aucun traité ne peut plus la retenir, puisque le nouveau royaume d'Italie aura provoqué, hâté les événements.

Quelle que soit la constitution du royaume d'Italie, il lui faudra, ainsi qu'à ses voisins, un nouveau système de frontières : ses voisins sont la France, la Suisse, la Bavière et l'Autriche. Un royaume de 15 millions d'Italiens qui peut mettre 300,000 hommes sous les armes devient un fait considérable dans l'ordre européen.

La France est trop haut placée pour n'avoir jamais rien à craindre du *grand* royaume Italien, même avec tout le fracas de ses trois cent mille hommes : toutefois, et par précaution, il lui faudra établir une ligne de fortifications nouvelles pour protéger sa frontière; et puis, qui sait? Garibaldi n'a-t-il pas déclaré que la cession du comté de Nice et de la Savoie avait ébréché son Italie unitaire!

Il y a toute apparence que la confédération Suisse n'aura pas la même sécurité; elle va avoir sur ses flancs un nouveau royaume, d'autant plus menaçant pour elle, qu'un cinquième de la confédération Suisse parle l'italien, et est d'origine italienne : or, avec le système adopté d'unité italienne, il pourra bien arriver un jour que la patrie antique le lui réclame comme fraction de son territoire.

La Bavière, cette sentinelle avancée de l'Allemagne du côté de l'Italie, devra également prendre ses précautions militaires ; le Tyrol italien n'est pas bien éloigné de Munich !

Quant à la frontière autrichienne, le cabinet de Vienne sait ce qu'il doit, ce qu'il peut attendre du nouveau royaume d'Italie, il a pris une attitude militaire considérable. C'est son droit.

Ce nouvel État sera reconnu par l'Angleterre, dès que Victor-Emmanuel sera proclamé roi d'Italie ; on l'affirme : on en a la certitude à Turin. Nous le croyons sans peine, bien que lord Palmerston, qui a vécu long temps en Italie, sache que si l'indépendance italienne est une chose respectable, l'unité est une chimère.

L'Angleterre reconnaîtra donc le royaume d'Italie. Mais quelle force, quelle consistance cet acte donnera-t-il au roi Victor-Emmanuel ? Chacun sait quelle est la théorie de l'Angleterre en matière de reconnaissance d'un État nouveau ; elle ne sanctionne pas, elle enregistre un fait ; elle ne donne pas une approbation, mais elle accepte une chose accomplie, si bien que si ce fait changeait de nature, si la fortune ne secondait pas les armes de Victor Emmanuel, l'Angleterre saluerait le fait victorieux. Ainsi le royaume d'Italie n'a qu'à bien se tenir ; si par hasard il tombait, lord Palmerston le raillerait

d'une belle manière ; il en est du principe de *recon-*
naissance, par l'Angleterre, comme des brevets d'in-
vention ; il sont donnés sans garantie du gouvernement.

Aussi M. de Cavour s'est-il apperçu que cet acte
de reconnaissance ne suffisait pas, et depuis quelque
temps il s'efforce de démontrer dans ses notes
que ce que le Piémont a fait en Italie est dans
l'intérêt monarchique, et qu'il a sauvé le principe
royal en brisant les royautés.

M. de Cavour est un homme d'esprit. Si on pouvait
le comparer à un type politique en France, on pourrait dire qu'il y a chez lui un mélange de M. Thiers
et de M. Odilon Barrot, ces caractères qui font ou
préparent les révolutions, et puis qui ont peur de
leurs conséquences.

Nous demandons ce que peut être l'unité italienne
sans le souffle révolutionnaire qui lui donne la vie ?
qu'a fait le roi Victor-Emmanuel, depuis que Garibaldi s'est retiré ? Tant que Garibaldi a été à la tête de
l'insurrection, il a renversé les gouvernements, brisé
les dynasties. Il y avait quelque chose de chevaleresque dans cet aventurier glorieux qui annonçait à
jour fixe la chute des pouvoirs établis ; depuis qu'il
s'est retiré, les Piémontais ont été arrêtés devant de

toutes petites forteresses; la révolution marchait à pas de géant, Victor-Emmanuel s'est arrêté tout court, comme si la puissance d'aller en avant lui manquait, c'est que les révolutions ardentes ont des conditions d'existence dont elles ne peuvent sortir; quand on a accoutumé les peuples à chanter la robuste *Marseillaise*, il est difficile de les jeter dans l'idille et la romance, et de les faire entonner l'hymne : *O Richard! O! mon roi!*

Dans sa dernière note, M. de Cavour s'adressait à la Prusse, à la puissance allemande qui aime les distinctions, les dissertations universitaires; M. de Cavour avait endossé la robe d'avocat vis-à-vis de la Prusse, qui, ainsi que je l'ai dit, se couvrait de son bonnet de docteur des universités d'Iéna et d'Heidelberg.

« Voyez, a dit M. de Cavour, l'exemple de la Belgique; elle était née d'une révolution ; son existence, séparée de la Hollande, était le déchirement le plus absolu des actes du Congrès de Vienne, et néanmoins la Belgique a été reconnue, et forme aujourd'hui un royaume bien placé dans la carte générale de l'Europe. »

La Belgique, dites-vous, s'est formée malgré l'Europe; la Belgique, à son origine, se présentait sans aucune condition de guerre ; elle ne menaçait pas d'annexer *tout ce qui était Flamand* ; elle ne disait pas qu'elle voulait Lille, Valenciennes, etc., parce qu'elle faisait partie de l'ancienne Flandre ; elle laissait Luxembourg, ville fédérale ; elle se soumettait au réglement d'une conférence ; elle recevait un roi de la main de l'Europe ; elle n'avait pas les fameux trois cent mille hommes sous les armes ; enfin, elle acceptait la neutralité qui la faisait respecter de tous les gouvernements, mais qui l'obligeait également à tous les respecter. L'Europe donna à la Belgique le roi le plus sérieux, le plus calme, une des hautes intelligences de ce temps, et c'est l'incomparable sagesse du roi Léopold qui a maintenu la Belgique dans son état de force et de prospérité.

Nous souhaitons la même destinée, la même sagesse au nouveau royaume Italien, quand la maison de Savoie, abdiquant sa vieille croix héréditaire, déployera les trois couleurs du drapeau national : va-t-elle diviser l'Italie par départements ; gardera-t-elle les anciennes démarcations de Lombardie, Toscane, Modène, Romagne, Naples ? ceci se rapprocherait prodigieusement du fédéralisme qui fait horreur aux unitaires italiens.

Croit-on qu'il n'y ait pas aussi quelque embarras pour la question religieuse? Nous ne ferons
pas ici du sentimentalisme catholique. La religion est une trop grande chose, pour qu'on la livre
ainsi à la polémique; nous nous adressons aux
hommes pratiques de gouvernement : la création
d'un royaume d'Italie demandera une nouvelle cir-
conscription épiscopale; ce qui exige un concordat,
une négociation avec la cour de Rome : ainsi on
procéda après la consulte de Lyon en 1801. Quand
le premier consul eut signé le concordat pour la
France (ce grand acte qui le plaça si haut), il ouvrit
immédiatement des négociations avec le cardinal
Gonsalvi pour la signature du concordat du royaume
d'Italie. Elles furent terminées à Paris lors du couronnement. M. de Melzi remplit pour l'Italie le
même devoir que M. Portalis pour la France.

Deux grands génies : Charlemagne et Napoléon
portèrent haut le respect pour la Papauté, et ceux
qui l'attaquent ne savent pas quelle est cette force
incomparable, cette sublime inertie! ils ne savent
pas quelle est la puissance de ce pontife-roi qui
dit : « Je ne peux pas céder; » et qui est aussi
grand, aussi respecté, simple moine camaldule
qu'environné d'éclat au Vatican. Dans ses longs

jours de méditations à Sainte-Hélène, Napoléon disait de Pie VII : « C'était vraiment un agneau, un
véritable homme de bien que j'estime, que j'aime
beaucoup, et qui, de son côté, me le rend un peu,
j'en suis sûr, » et le plus grand repentir de Napoléon fut d'avoir touché à Rome.

Oui, raillez tant qu'il vous plaira l'excommunication, cette antique formule de tous les âges; (les
Grecs étaient exclus des temples avec horreur; c'é-
tait en frémissant que les criminels étaient repous-
sés des mystères d'Isis). L'excommunication donne
mille vertiges inconnus : aux uns la folie de l'ambition, aux autres les entraînements vers la licence;
les peuples ne fuyent plus les excommuniés comme
au moyen âge; mais souvent la raison les abandonne. L'antique axiôme est toujours vrai :

Quand Jupiter veut perdre un mortel il le rend fou.

Respect donc aux choses saintes, à l'autorité in-
faillible, éternelle! c'est sur cette autorité que se
fondent toutes les autres et le droit public des nations :
il n'est pas un monarque qui n'inscrive sur ses monnaies *par la grâce de Dieu*; et l'école Saint-Simonnienne qui attaque elle-même si fortement l'infailli-

bilité du pape dans ses journaux, quelle fut sa première création? son ridicule enfantement *du père
suprême*! avec une autorité telle que ses apôtres
n'étaient que les reflets de sa pensée.

XVIIJ

La première condition d'un royaume d'Italie fortement constitué, ce sera la liberté de ses alliances ;
il n'y a pas d'État indépendant sans la faculté de
choisir ses amis et ses ennemis.

En diplomatie, on ne garde pas de reconnaissance, on ne voit que des intérêts, et cette vérité doit
être d'autant plus méditée dans la situation actuelle,
qu'il s'agit de la maison de Savoie, très-facile à
retourner de droite et de gauche, au vent de ses intérêts, et nous l'avons déjà prouvé par l'histoire.

Eh bien ! on n'a pas assez remarqué qu'en consti-
tuant une Italie indépendante et unie, si jamais ce rêve
se réalisait, on mettrait sur les flancs de la France,

le plus formidable établissement maritime que le monde ait présenté.

Le nouveau royaume d'Italie possédera la plus belle étendue de côtes, depuis Venise jusqu'à Gênes, Naples, la Sicile, avec une race de matelots habiles : il possédera les deux mers les plus importantes dans la direction que prend aujourd'hui le commerce : la Méditerranée, l'Adriatique ; il aura cinq chantiers : Venise, Naples, Livourne, Ancône et Gênes qui peuvent mettre en mer la plus belle flotte du monde. Qui ne se rappelle la puissance maritime des républiques de Venise et de Gênes ; toutes ces républiques groupées en un seul royaume aujourd'hui que ne pourraient-elles oser et accomplir ?

Cette puissance maritime et commerciale pourra dominer dans la Méditerranée, dès quelle sera constituée ; Gênes se posera comme port militaire sur la même ligne que Toulon. Au point de vue commercial, Livourne, Naples, chercheront à rivaliser avec Marseille ; l'empereur Napoléon l'avait si bien compris, qu'il avait fait de Gênes le chef-lieu d'un département français, afin de l'enlever à l'influence anglaise.

L'Angleterre fortifie Corfou et Malte ; qui sait si elle ne pousse pas avec tant d'ardeur à la constitution d'un royaume d'Italie, afin d'y créer une influence méditerranéenne en face de l'Algérie : un grand royaume d'Italie avec Naples, la Sicile, Gênes, Civita-Vecchia, Ancône, Livourne, doit nécessairement rivaliser avec notre influence.

Je ne crois pas à la reconnaissance des peuples en politique : les États n'ont que des intérêts.

Dès qu'un État est constitué, pour révéler sa force, son premier besoin est de se montrer libre, et souvent il est ingrat !

La Hollande, les Pays-Bas, devaient leur émancipation à Henri IV, le chef de la maison de Bourbon, et déjà sous Louis XIII, ils nous faisaient la guerre, et la continuèrent avec acharnement sous Louis XIV.

. Les Électeurs protestants de l'Allemagne, émancipés par l'influence du cardinal de Richelieu au traité de Westphalie, se joignaient à la coalition de 1688 avec l'Autriche contre la France.

La branche cadette de Bourbon établie en Espagne, après tant d'efforts et de sacrifices faits par la France, lui déclarait la guerre en 1721, et une armée espagnole passait les Pyrénées.

Quand donc, en diplomatie, on fonde, on constitue un État nouveau, il ne faut pas examiner ce qu'il vous doit, mais ce qu'il fera dans le mieux de ses intérêts : l'égoïsme est la triste loi politique et la fatalité des systèmes.

Croyez-le bien, une fois le royaume d'Italie constitué, si tant il y a qu'il le soit, son gouvernement se conduira d'après cette règle invariable : c'est-à-dire au mieux de ses intérêts.

Si l'Autriche se résigne à céder l'Italie, qui sait si, dans quelques années, elle ne recherchera pas par une alliance avec la maison de Savoie à retrouver ce qu'elle a perdu en puissance et en domination matérielles ? Ce ne serait pas la première fois que les deux maisons d'Autriche et de Savoie se seraient rapprochées.

Qui sait si l'Angleterre ne caresse pas cette alliance? si elle ne montrera pas à l'Italie la Corse et Nice qui parlent sa langue? Heureusement ces hypothèses sont fort éloignées. Un royaume italien est encore en l'état de fiction; si jamais il se réalisait dans de larges proportions, ce serait plutôt un danger qu'une force pour la France Méditerranéenne.

Il y a aussi un autre point de vue : serait-il bien prudent et bien habile de donner une puissance considérable à l'esprit ardent du carbonarisme sur nos propres frontières? les projets, les plus coupables ne pourraient-ils pas y être préparés?

Aussi l'empereur Napoléon !ᵉʳ avec sa magnifique intelligence, s'était-il proclamé roi d'Italie, parce qu'il fallait bien qu'une si grande force fût sous sa main pour n'être pas un danger. Il ne pouvait pas la laisser au hasard d'autres alliances.

Nous nous résumons : l'Europe, à la fin de 1860 est dans un de ces moments suprêmes, qui peuvent amener une guerre générale. Cette guerre peut être évitée par une politique sage et pratique. La révolution vient d'accomplir une de ses tentatives la plus audacieuse. En pleine paix, lorsqu'il y a des traités existants, des dispositions solennelles de Congrès, elle a bouleversé des gouvernements réguliers : elle menace de ne point s'arrêter-là ; elle veut recommencer une campagne d'insurrection et de désor

La maison de Savoie a accepté l'œuvre de la révolution, elle l'a couverte de son manteau royal ; elle offre maintenant de la contenir et de la réprimer : œuvre impossible.

Si la révolution suit son cours naturel, il y aura guerre, car l'Autriche sera attaquée : elle est prête à répondre ; nul ne peut en prévoir les conséquences. Les Italiens peuvent aller à Venise saluer le lion de Saint-Marc, les Autrichiens peuvent aller à Turin ; nul ne pourra s'opposer aux résultats d'une guerre que l'Autriche n'aura pas provoquée.

La France et l'Angleterre ont fait de grands et honorables efforts, elles en feront encore pour que la question italienne soit résolue avant ce conflit.

Cette question italienne est très-complexe. L'erreur a été de confondre l'*unité* de l'Italie avec *son indépendance*.

L'unité paraît un rêve à tous les esprits pratiques ; elle a pu être une arme de guerre, un moyen de ralliement, elle ne peut être un résultat, une organisation.

L'indépendance peut devenir un fait acquis ; elle peut s'organiser par un gouvernement fédéralisé qui laisse à la Toscane, à Naples, à Rome, à la Lombardie, à Parme leur autonomie.

Par ce moyen les anciens pouvoirs pourraient être restaurés, chose difficile.

Et s'ils ne peuvent l'être, il faut des indemnités.

Ici la question s'aggrandit, et à notre sens il n'y aura repos, sécurité pour tous que par un remaniement de la carte, en un mot par l'expulsiondes Turcs de l'Europe.

C'est ainsi que la question d'Orient se mêle à l'indépendance de l'Italie, à l'unité allemande, à nos légitimes frontières du Rhin, à la liberté de la Pologne, à toutes les questions sérieuses qu'on étouffe et qui éclatent chaque année. Il n'y aura rien de définitif avant que la question ne prenne ces proportions grandioses.

Dieu a permis cette année que l'islamisme se montra dans ce qu'il a de hideux et d'impuissant, et que l'Europe pût être sans regret et sans remords pour accomplir un acte de nécessité publique. Vous pouvez le retarder par des palliatifs; vous pouvez prêter à la Porte quelques millions de piastres, elle les dissipera dans le sérail.

Créez l'empire Grec-Bysantin, en transportant le siége de gouvernement d'Athènes à Constantinople, déclarée ville libre impériale, et parmi les débris épars de ce vieux colosse de la Turquie d'Europe, vous trouverez des indemnités pour tous. Alors seulement un solennel Congrès pourra asseoir la balance des droits et des intérêts.

Il faut occuper, distraire notre génération toute avide de merveilles : l'Orient nous appelle; nous en

s ommes presqu'aux expéditons de Fernand Cortez,
et de Pizarre : voyez cette poignée de héros qui
marche à la conquête de la Chine ; d'autres Français campent sur la cîme du Liban. Le temps des
croisades et des paladins est revenu ; cet esprit chevaleresque peut seul retremper nos mœurs trop por-
tées aux appétits matériels.

Nos enfants apprendront avec enthousiasme comment on meurt pour une grande cause. Le soir,
dans les longues veillées, on ne lira plus seulement
les cours de la Bourse, le prix courant des mar-
chandises, ou bien quelqu'un de ces feuilletons qui
désenchantent les âmes ; nous aurons les brillantes
féeries d'Orient, les bulletins de triomphe, les épi-
sodes gigantesques des lointaines expéditions.

Notre société énervée a besoin de ce rajeunisse-
ment, et la seconde moité du XIXᵉ siècle verra s'accomplir de nobles choses.

Nous ne sommes pas de ceux qui conseillent aux
gouvernements de s'occuper de chimères et de dan
gers imaginaires ; ils ont assez à faire dans la solution des questions réelles et pratiques ; nous ne vou-
drions pas les en détourner.

Toutefois il serait impossible que les monarchies,
fondées sur le droit traditionnel, ne vissent pas

s'élever devant elles une force qui les menace toutes
à la fois. L'esprit nouveau ou révolutionnaire est
une réalité avec laquelle il faut compter. Tout est
maintenant fait et enseigné à son profit L'éducation publique, sauf quelques exceptions encore,
seconde la révolution ; les chaires d'enseignement lui
appartiennent, la presse est à elle ; elle transpire
par tous les pores des journaux ; on fait de l'histoire
pour la révolution. Tout ce qui lutte contre ses progrès est considéré comme vieux, arriéré et fini ; l'esprit nouveau circule en Europe par les chemins
de fer, par les progrès matérialistes de la science.
La révolution prépare un monde d'avenir avec fierté
et orgueil.

Comme le corps social en est saturé, faudra-t-il
la faire pénétrer dans l'esprit et la marche des gouvernements? Des transactions ont été tentées. Ce
serait merveille si l'esprit nouveau s'en contentait :
mais ce ne serait qu'une halte dans le mouvement.

Il faudra tôt ou tard que le heurtement arrive et
que la bataille s'engage. Avec une grande habileté,
l'esprit nouveau a commencé par ébranler l'autorité
pontificale ; cela s'explique ; il était ici aidé par les
dissidences religieuses ; une moitié de l'Europe est
protestante. La question pontificale pouvait s'engager

à l'aide de ces dissidences mêmes. L'esprit nouveau a été souteɴu dans cette œuvre par l'Angleterre, la Prusse, le Danemarck, la Suède, par une grande fraction de l'Allemagne; car il n'a fait ici que prendre le masque de Luther.

Ce fait accompli, on a commencé la démolition de l'esprit de famille, par le divorce, l'abolition du droit d'aînesse, l'égalité des partages, le morcellement des propriétés, la création des grands centres, le luxe, les mœurs faciles. Dans cette œuvre encore l'esprit nouveau a été secondé par l'industrie, le commerce, les économistes, les écoles saint-simonnienne, phalanstérienne.

Enfin, est arrivée la question des pouvoirs héréditaires et traditionnels. La transition a été conduite avec art; on a ménagé les termes; mais on a fait entendre qu'il n'y avait désormais de légitime que ce qui était constitué en vertu du principe de la souveraineté des masses. Dès ce moment tous les droits héréditaires, traditionnels, ont été menacés.

C'est à ce point du progrès que l'esprit nouveau est arrivé; eh bien ! j'ose dire que si les vieux pouvoirs de l'Europe n'y prennent garde, c'en est fait d'eux, et dans un demi siècle, ils ne seront plus que de l'histoire.

Les forces qu'ils peuvent opposer à l'esprit nouveau s'affaiblissent chaque jour : où se trouve la fidélité chevaleresque, la loyauté envers les couronnes,
la religion qui faisait du pouvoir traditionnel une
chose sainte et sacrée ?

L'année qui finit a préparé une lutte suprême. Il
faut qu'elle trouve sa solution dans la sagesse et l'é-
nergie des gouvernements.

FIN.

TABLE DES CHAPITRES

Coulommiers. — Imprimerie A. MOUSSIN.